DON BOSCO
VERLAG

Feste feiern mit Kindern

Weitere Themen aus der Reihe:
St. Martin
Fasching
Ostern
Erntedank
Nikolaus
Advent/Weihnachten

Cordula Pertler / Eva Reuys

Kinder feiern Halloween

Don Bosco

Trick or treat, smell my feet,
or give me something good to eat!

Die Deutsche Bibliothek – CIP-Einheitsaufnahme

Ein Titeldatensatz für diese Publikation ist
bei Der Deutschen Bibliothek erhältlich.

1. Auflage 2000 / ISBN 3-7698-1259-X

Umschlag und Illustrationen: Margret Russer
Satz: undercover, Augsburg
Druck und Weiterverarbeitung: Druckerei Gebr. Bremberger, München

Gedruckt auf umweltfreundlichem Papier

Inhalt

Vorbereitung

Festgestaltung

Bausteine für die praktische Arbeit

Vorwort

Bereits die alten Kelten verkleideten sich zu Halloween als Geister, Hexen, Vampire und andere furchterregende Fabelgestalten. Sie wollten damit den Toten, die als Geister in der letzten Oktobernacht umherirrten, einen gehörigen Schrecken einjagen. Mit ihren schaurigen Masken und gruseligen Rübenlaternen zogen sie unerkannt durch die Nacht und wollten die Geister vertreiben. Der Glaube an Geister spielt bei den Kindern heute längst keine Rolle mehr. Vielmehr geht es darum, ein schaurig schönes Fest zu feiern und ausgelassen zu sein. In Nordamerika, wo Halloween vor allem populär ist, ziehen die unheimlichen Gestalten von Haus zu Haus und versuchen leckere Süßigkeiten einzuheimsen. Halloween ist auch die Nacht der Gruselparties und Straßenparaden. Dieser Brauch fand bei uns lange Zeit keine Beachtung. Doch im Fernsehen und in Zeitschriften wird immer mehr über Halloween berichtet und so kommt es, dass es auch in unseren Landen immer beliebter wird. Leuchtende Kürbisse mit Geisterfratzen zieren mittlerweile Fensterbänke, Balkone, Vorgärten und so manches Schaufenster. Einige Kaufhäuser und Geschäfte führen bereits all die Artikel, die für eine Gruselfete unerlässlich sind. Eltern und Leiterinnen von Kindergruppen werden von ihren Kindern immer öfter mit dem Wunsch konfrontiert, Halloween feiern zu wollen. Hier stellt sich nun die Frage nach dem »Wie«.

Unser Buch will daher nach einer knappen Einführung vielerlei Anregungen für ein unvergessliches Halloween geben. Da man Gespensterfeten aber auch zu anderen Zeiten, besonders zu Fasching oder Karneval veranstalten kann, liefert das Buch eine Fülle von Spielideen und Spaß für das ganze Jahr.

Zur Handhabung

Wir wollen mit unserem Buch vor allem Erzieherinnen mit Kindergruppen von vier bis acht Jahren ansprechen. Auch Lehrkräften und Eltern bietet es eine Fundgrube voller Ideen. Informationen zum Ursprung des Festes und seine Bedeutung für Kinder sollen auf das Thema einstimmen. Tipps zur Planung und Durchführung einer Gespensterparty und eines Umzuges von Haus zu Haus sowie eine große Auswahl von Aktivitäten, zeigen Erzieherinnen einen ganzheitlichen spielerischen Gestaltungsansatz von Halloween auf.

Tipps zur Planung und Durchführung einer Gespensterparty und eines Umzuges von Haus zu Haus sowie eine große Auswahl von Aktivitäten.

Alle Angebote können als einzelne Bausteine je nach Situation ausgewählt und in beliebiger Reihenfolge zusammengefügt werden. Diese Bausteine sind sechs Themenbereichen zugeordnet, die alle zu einer gelungenen Party dazugehören. Damit wollen wir Ihnen, liebe Leserinnen und Leser, die Handhabung erleichtern!
Begriffe oder Angebote, die mit einem Pfeil (→) gekennzeichnet sind, finden sich in anderem Zusammenhang an einer anderen Stelle im Buch wieder. Folgende Themenkreise erwarten Sie:

- Schminken und Verkleiden
- Bildnerisches Gestalten
- Spiele und Aktionen
- Musizieren und Tanzen
- Kochen und Backen
- Gespräche und Geschichten

Bewusst haben wir auf Altersangaben verzichtet. Einige Angebote sind eher für jüngere, andere für ältere Kinder geeignet. Möglicherweise ängstigt die Kleinen das, was Schulkinder begeistert. Eine verantwortungsvolle, sensible Zusammenstellung des Programms ist also Voraussetzung für das Gelingen des Festes. Mit unserem Buch wollen wir nicht nur praktische Hilfen geben, sondern auch Lust wecken, selbst kreativ zu werden.

Vorbereitung

Ursprung bei den Kelten

Die Kelten glaubten, dass an Halloween die Gesetze von Raum und Zeit aufgehoben wären, damit sich die Toten unter die Lebenden mischen können.

Halloween wird jedes Jahr am 31. Oktober gefeiert. Doch wie entstand dieser 2000 Jahre alte Brauch? Ist es etwa, wie manche behaupten, ein heidnischer Brauch? Werden dort Dämonen und Geister beschworen?

Ursprünglich war Halloween ein Fest der keltischen Druiden. Halloween hat aber gleichzeitig Wurzeln in der Katholischen Kirche, denn diese feiert am 1. November ihre Heiligen.

Das Wort Halloween kommt von »All Hallows Eve«. »All Hallows Eve« ist der Vorabend von »All Hallows Day« (Allerheiligen). Im keltischen Irland des 5. Jahrhunderts vor Christi Geburt endete der Sommer offiziell am 31. Oktober. Das keltische Neujahr begann am 1. November. Dieser Feiertag wurde »Samhain«, nach dem Gott der Toten benannt. Eine Legende besagt, dass sich an diesem Tag die Verstorbenen auf die Suche nach einem Lebenden machen, dessen Körper sie für das nächste Jahr in Besitz nehmen können. Dies ist ihre Hoffnung auf ein Leben nach dem Tod. Die Kelten glaubten, dass an diesem Tag die Gesetze von Raum und Zeit aufgehoben wären, damit sich die Toten unter die Lebenden mischen können.

Die Lebenden wollten sich schützen, indem sie ihre Herdfeuer löschten, um ihre Häuser kalt und unfreundlich zu machen und die Toten abzuschrecken. Sie verkleideten sich furchterregend und paradierten zerstörerisch und laut durch die Straßen. So hofften sie die Toten fern zu halten.

Das Brauchtum wurde mit den irischen Einwanderern in den 1840er Jahren nach Amerika getragen. Die Iren flohen vor den unbeschreiblichen Hungersnöten im Heimatland.

Zur Verbindung der heidnischen Bräuche mit den katholischen kam es, als die Römer die Kelten unterwarfen und diese dann christianisiert wurden. Die Kelten hielten aber weiterhin an vielen ihrer Bräuche fest, auch an dem am 31. Oktober gefeierten Totenfest. Deshalb ordnete Papst Gregor IV. im Jahre 837 n.Chr. im Einklang mit der Politik der Kirche an, die Bräuche der Bekehrten zu »christianisieren«, anstatt sie abzuschaffen. Der 1. November wurde von diesem Zeitpunkt an als Tag aller Heiligen gefeiert. So wurde durch einen diplomatischen Schachzug der Kirche ein durch und durch heidnisches Fest mit der christlichen Totenverehrung vereint. Und seither ist das seltsame Gespann Halloween und Allerheiligen untrennbar miteinander verbunden.

Der Brauch des »trick-or-treat«, heißt, Kinder ziehen von Haus zu Haus und »erpressen« Süßigkeiten nach dem Motto: »Entweder bekommen wir was Leckeres geschenkt oder wir spielen dir einen Streich«. Wahrscheinlich kommt diese Sitte nicht von den Kelten, sondern entstand aus dem »Seelen«, einem europäischen Brauch aus dem 9. Jahrhundert. Am 2. November feiert die Kirche Allerseelen und frühe Christen wanderten von Dorf zu Dorf und erbettelten »Seelenkuchen« (→ Rezept, S. 64). Diese Seelenkuchen bestanden aus quadratischem Brot mit Johannisbeeren. Je mehr Seelenkuchen ein Bettler erhielt, desto mehr Gebete versprach er für die Verstorbenen Angehörigen des Spenders zu sprechen. Die Leute glaubten, dass Gebete (auch von Fremden) den Verstorbenen den Weg in den Himmel ebnen würden.

»Entweder bekommen wir was Leckeres geschenkt oder wir spielen dir einen Streich.«

So wie die alten Kelten Mistkarren in den Bäumen versteckten oder Jauchefässer mit Türklinken verbanden, damit sie beim Türöffnen umkippten, werden heute von den Jugendlichen Mülltonnen verschoben, Gartenmöbel verrückt, Autos mit Toilettenpapier umwickelt, oder mit Haarschaum eingesprüht.

Der Brauch »Jack-o-lantern«, der auf das Entzünden von Kürbislaternen hinweist, entstand wahrscheinlich aus der irischen Folklore. Eine Legende erzählt von einem Mann namens Jack, einem Trinker und Betrüger, der den Teufel mit einem Trick dazu brachte auf einen Baum zu klettern. Als der Teufel oben war, schnitzte Jack ein Kreuz in den Stamm und der Teufel war in der Baumkrone gefangen. Jack verabredete dann, dass er ihn wieder herunterlassen würde, wenn der Teufel ihn nie wieder verführen würde. Als Jack starb, wurde ihm der Zutritt zum Himmel verweigert, da er nur Böses getan hatte. Selbst die Hölle blieb versperrt, da Jack ja den Teufel übers Ohr gehauen hatte. Der Teufel gab ihm nur einen einzigen Funken, mit dem er durch die völlige Dunkelheit wandern musste. Dieser Funken befand sich in einer ausgehöhlten Rübe, damit er länger glühte. Die Iren verwendeten deshalb auch zuerst Rüben für die Laternen, aber als sie nach Amerika kamen, fanden sie Kürbisse viel zahlreicher vor. So entstanden die 'Jack-o-lanterns' aus einem Kürbis und einem Kerzenlicht.

Der Brauch, ausgelassen zu feiern, entstand in Amerika. Am Abend geht das Gespensterfest erst richtig los: Scharen von Hexen, Gespenstern, Skeletten, Gnomen, Vampiren und anderen Schauergestalten bevölkern bis spät in die Nacht die Straßen. Keller, Dachstöcke und auch ganze Häuser werden aufwendig in Spukhäuser verwandelt. Auf Halloween-Partys geht es ausgelassen zu und hoch her: Es wird gelacht, getanzt, gespielt, gegessen und Schabernack getrieben.

Scharen von Hexen, Gespenstern, Skeletten, Gnomen, Vampiren und anderen Schauergestalten bevölkern bis spät in die Nacht die Straßen.

In Amerika entstand auch die Tradition, anstatt Feuer anzuzünden, Kürbisse auszuhöhlen, ihnen eine gruselige Fratze zu verpassen, sie mit einer Kerze von innen zu beleuchten und abends aufs Fenstersims oder den Balkon zu stellen. Diesen Brauch kennen manche vielleicht auch aus ihrer Kindheit, wenn Eltern gemeinsam mit ihren Kindern und einem gruseligen Kürbis in der Dunkelheit die engste Nachbarschaft besuchten.

Gegenwärtig werden alle diese Bräuche in all ihren Facetten auch bei uns wiederbelebt.

Gruselspaß für Kinder

Tanzen, lachen und als Geister umhertoben ist das vordergründige Motto von Halloween. Das Thema hat jedoch eine weitaus tiefere Bedeutung. Kleine Kinder dürfen endlich groß und stark, sogar übermächtig sein, wenn sie in die Rolle der Gespenster, Hexen und Vampire schlüpfen, Streiche spielen und den Erwachsenen »so richtig Angst einjagen«. Endlich sind die Kinder mal die »Bestimmer«.

Da sie Macht über die selbstgewählte Gestalt haben, können sie jederzeit die Rolle wieder ablegen und dem Spuk ein Ende bereiten. Kinder stehen tagaus tagein unter dem Druck der Erwachsenen, lieb, brav, ordentlich und hübsch zu sein. Angst vor Liebesverlust, ein Gefühl der Machtlosigkeit den Erwachsenen gegenüber, lässt den Kindern auch wenig Raum Tabus zu brechen. Sich den eigenen Ängsten und Aggressionen zu stellen, dazu braucht es allerdings Mut. Das Kind kann seine Gefühle leichter in den Griff bekommen, indem es sich verkleidet. Eine Maske verleiht dem Träger zum Ausdruck seiner Emotionen absolute Sicherheit. Das Kind schlüpft in die gefährlichen, mächtigen Rollen, ist nun jemand anderer und traut sich somit, die Gefühle ungehemmt auszuagieren. Mutig und stark kann es dann über die Macht der Erwachsenen triumphieren.

Noch ein weiterer Aspekt des Halloween-Festes gewinnt pädagogische Bedeutung. Nacht und Dunkelheit bergen für Kinder oft undefinierbare Ängste. Aber an Halloween und in all den Tagen der intensiven Vorbereitung darauf, findet eine Eroberung der Nacht und ihrer dunklen Mächte statt. Durch die Identifikation mit den Gestalten der Nacht und dem spielerischen Umgang damit, aber auch durch andere Aktionen zum Thema, setzen sich Kinder mit ihren eigenen Ängsten auseinander und reduzieren sie auf diese Weise.

Sie erfahren auch, dass wenig Angst gefährlich und zu viel Angst hinderlich im Alltag ist. Der aktivierte Umgang mit diesen Gefühlen ist als ein fortlaufendes Thema zu sehen, angefangen von den Vorbereitungen, über das Fest selbst und die Vertiefung dessen.

Entsprechende Verkleidung und Attribute, wie furchterregende Kürbislaternen, helfen dabei, die dunklen Kräfte zu bezwingen. Auch Geschichten, Rituale, Rollenspiele zu diesem Thema helfen Ängste zu bewältigen und stark zu werden. Eine gruselige Atmosphäre sorgt auch für wohligen Schauder und es verlangt schon ein wenig Mut, sich darauf einzulassen.

Bereits existierende Ängste verlieren ihren Schrecken, wenn ausreichend Gelegenheit besteht, sich im Gespräch, Spiel und kreativem Gestalten damit auseinanderzusetzen. Dabei wird auch deutlich, dass andere Kinder ähnliche Ängste haben und es keinerlei Grund gibt, sich dafür zu schämen. Gemeinsam meistern die Kinder angstbesetzte Situationen und das macht stark. Die Kinder haben Macht über die selbstgewählte Gestalt, sie können ihre Rolle wieder ablegen, Gruseln, Gänsehaut, dem Spuk und allem was dazu gehört ein Ende bereiten.

Vor allem aber ist das Fest ein Riesenspaß, der Lust auf Halloween im nächsten Jahr macht.

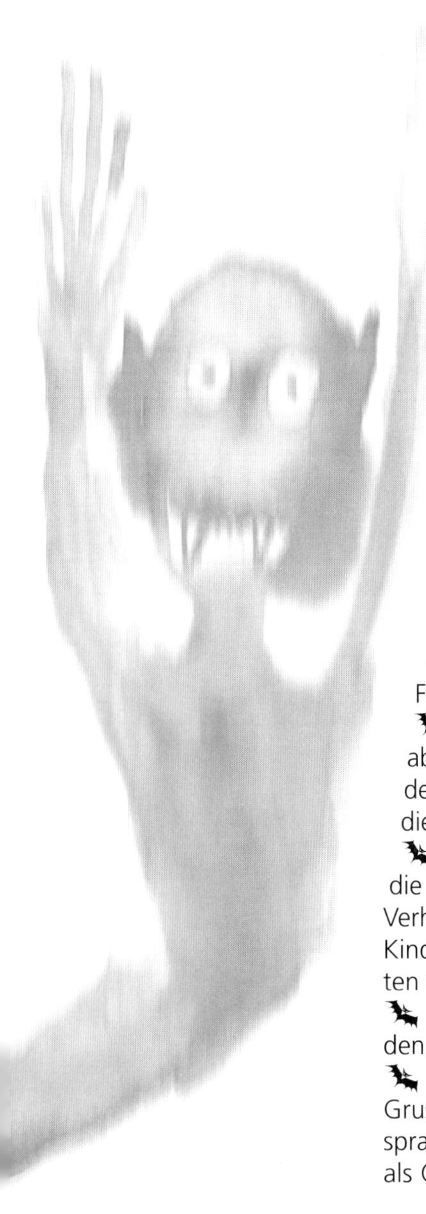

Außer den oben erläuterten Zielen bietet eine aktive Gestaltung des Themas eine vielfältige Verwirklichung pädagogischer Ziele:
Fantasie und Kreativität entwickeln sich durch eigene schöpferische Tätigkeit, sei es im bildnerischen Bereich, z.B. beim Malen von Fabelwesen, oder im handwerklichen Bereich beim Herstellen von Laternen.

Fantasie und Kreativität sind darüber hinaus im hauswirtschaftlichen Feld gefordert, wenn die Kinder originelle Drinks mixen und garnieren, sowie Halloweengerichte »geisterhaft« dekorieren. Kreativ werden die Kinder auch beim Verkleiden und Schminken und wenn es darum geht, sich in einen furchterregenden Geist, einen Vampir, oder in eine schrille Hexe zu verwandeln.

Gemeinsame Vorbereitung und Feiern des Festes, gemeinsame Spiele und Aktionen fördern das Zusammengehörigkeitsgefühl und somit das soziale Verhalten der Kinder.

Gegenwärtig sitzen Vorschulkinder bereits bis zu mehreren Stunden täglich alleine und als passive Teilnehmer vor dem Fernseher oder Kassettenrekorder. Deshalb ist es besonders wichtig, das aktive Erlebnisvermögen in der Gemeinschaft durch Fest- und Feiergestaltung zu steigern.

Halloween hat für die Kinder in unserer heutigen Gesellschaft aber auch eine völkerverbindende Wirkung. Sie erleben ein Fest der Kinder aus fremden Ländern, wobei sich die Kulturwelten über die Welt der Kinder näher rücken.

Selbstbewusstsein und Selbstvertrauen entwickeln sich durch die Eroberung der Welt in der Nacht mit ihren neuen Erlebnis- und Verhaltensmöglichkeiten. Ein neuer Lebensbereich eröffnet sich den Kindern, der bis dato mehr oder weniger den Erwachsenen vorbehalten war.

Die kognitive Entwicklung findet in der Vermittlung von Legenden, Geschichten und über Informationen zum Brauchtum statt.

Der sprachlich kreative Bereich wird trainiert durch Erfinden von Gruselgeschichten und Versen und beispielsweise durch die sprachliche Mitteilung von Eindrücken und Erlebnissen in der Rolle als Gespenst.

Ohne Planung geht es nicht

🦇 Allein schon die Vorbereitung der Halloween-Party ist ein Riesenvergnügen. Gönnen Sie sich und den Kindern ausreichend Zeit dafür! Die Kinder können sich einstimmen, Hektik und Stress dürfen gar nicht erst aufkommen! Im Kindergarten oder Hort entwickelt sich vielleicht auch ein Projekt über mehrere Wochen zu diesem Thema, das in einer Halloweenparty oder in einem Umzug seinen krönenden Abschluss findet.

🦇 Die Angst der Kinder vor der Dunkelheit, vor der Nacht, vor Geistern und Dämonen kann nicht durch das alleinige Feiern einer Halloweenparty oder durch den Umzug von Haus zu Haus, bewältigt werden. Nur eine länger währende Beschäftigung mit diesem Thema und eine sensible Begleitung durch den Erwachsenen hilft dem Kind, bewusst mit seinen Emotionen umzugehen. Bei der Planung von Angeboten oder Aktionen ist es wichtig, das Kind ganzheitlich anzusprechen, damit es all seine Fähigkeiten und Fertigkeiten entfalten kann.

Zeitpunkt

🦇 Traditionell wird Halloween am 31. Oktober gefeiert. Dieser Brauch lässt sich jedoch auch auf andere Abende verlegen. Geister und leuchtende Laternen brauchen die Nacht, um vollends wirken zu können. Deshalb wählen wir den Spätnachmittag zum Verkleiden und ziehen dann los, wenn es dunkel geworden ist. Die Dauer eines Umzugs hängt davon ab, wie viele Häuser Sie mit Ihren Kindern besuchen und wie lange Sie sich dort aufhalten wollen. Vereinbaren Sie aber mit den Eltern einen ungefähren Zeitpunkt für den Besuch.

Informationen für alle, die mitfeiern

🦇 Das Vorhaben Halloween zu feiern, weckt sicher auch das Interesse von Eltern, Kolleginnen und Kollegen. Sie wollen zu diesem Fest alles erfahren. Gerade weil Halloween bei uns nicht so bekannt ist, sollte man beim Umzug durch die Straßen nichts dem Zufall überlassen, sondern Eltern wie Kinder informieren und einstimmen. Über Briefe, Aushänge, Gespräche oder einen Elternabend bekommen die Eltern die wichtigsten Informationen. Man berichtet über Ursprung,

Bedeutung des Festes, und über den Schwerpunkt, der ihm in der eigenen Einrichtung verliehen wird. (→ Siehe Begründung, Ziele, S. 8f.)

Halloween, ein emotionales Thema, betrifft auch die Eltern zu Hause. Die Kinder erzählen von den Vampir- und Hexengeschichten aus der Kita. Sie haben Fragen über Fragen, hinter denen sich ihre Ängste verbergen. Im Gespräch mit den Eltern und Geschwistern wollen sie ihre Ängste verarbeiten. Vielleicht verhalten sich die Kinder beim Zubettgehen unruhiger und ängstlicher als früher. Dieses Thema beeinflusst sie in ihren Spielen, wie auch in ihren Träumen. So kann es auch vorkommen, dass das eine oder andere Kind nicht alleine einschlafen, die Türe offen oder das Licht anlassen will. Ein Austausch zwischen Erzieherinnen und Eltern wird notwendig, um Unsicherheiten abzubauen und auf die Kinder eingehen zu können. Regen Sie die Eltern an, mit ihren Kindern über eigene Ängste aus der Kindheit zu sprechen und über den Umgang damit.

Die Eltern können auch mithelfen beim Organisieren von Verkleidungsstücken, Kürbissen, Rüben und anderen Utensilien, die für die Gestaltung und Vorbereitung dieses Festes von Bedeutung sind. Einige werden sicher auch gerne als Begleitpersonen beim Umzug im Hintergrund zur Seite stehen. Andere können ihre Talente beim Basteln, Dekorieren, Schminken und z. B. beim Schneidern der Kostüme einbringen.

Außerdem ist es sinnvoll mit den Eltern abzusprechen, bei wem und wann die Kinder zu »Trick or Treat« vorbeikommen dürfen. Die Eltern könnten einen erleuchteten Kürbis vor die Haustüre stellen, oder einen Geist an die Türe hängen, um zu signalisieren »Wir gehören dazu, wir sind Halloweenfans ...«

Für die Eltern ist es ratsam, einen Vorrat an Süßigkeiten anzulegen. Gespensterlutscher (→ S. 65) oder »Seelenkuchen«, ein uralter Brauch (→ S. 64), wären begehrte »Treats«, die zu Hause in der Familie selbst hergestellt werden können. Allerdings möchten die Kinder sicher auch einige von ihnen ausgetüftelte Streiche in die Tat umsetzen.

Nach dem Umzug der Kinder von Haus zu Haus sind die Eltern herzlich auf eine Geisterbowle oder eine Kürbissuppe in die Kita eingeladen. Vielleicht findet aber auch ein kleines Essen im letzten Haus, das besucht wird, statt.

Festgestaltung

Umzug von Haus zu Haus: »Trick or Treat«

Woran Sie denken sollten

Klären Sie mit den Eltern und im Team, ob die ganze Kindergartengruppe durch die Straßen zieht oder die jüngeren Kinder nach einem lustigen Halloweenfest im Kindergarten schon nach Hause gehen. Vielleicht erwarten sie dort in sicherer Umgebung und Geborgenheit die großen Geister und Vampire?
Klären Sie im Team, ob und wie die Kindergruppe aufgeteilt und in welchen Kleingruppen sie losziehen wird. Brauchen Sie hierzu noch Begleitpersonen? In jedem Falle sollten nur so viele Erwachsene wie nötig und so wenige wie möglich mitgehen, und nur als Begleiter im Hintergrund – denn, es ist die Nacht der Kinder!
Wir legen uns eine Route zurecht, welche Häuser und Wohnungen in welcher Reihenfolge aufgesucht werden. In einem gemeinsamen Begrüßungsritual wiederholen wir die Regeln, z.B. dass nur die abgesprochenen Streiche gespielt werden und die Süßigkeiten jeder einsammeln darf. Zurück in der Kita wird alles geteilt und – bei einer größeren Ausbeute – das Schlemmen auf mehrere Tage verteilt.
Die Verkleidung zum Umzug sollte möglichst bequem sein. Die Hexenröcke und Gespenstertücher dürfen nicht zu lang sein, damit man nicht stolpert und hinfällt. Masken stören eher den Blickwinkel und die Kinder könnten sich auf den Straßen nicht ungehemmt und sicher bewegen. Ein geschminktes Gesicht eignet sich besser, es sieht mindestens so gruselig aus. Außerdem können die Kinder damit auch wirkungsvolle Grimassen schneiden.

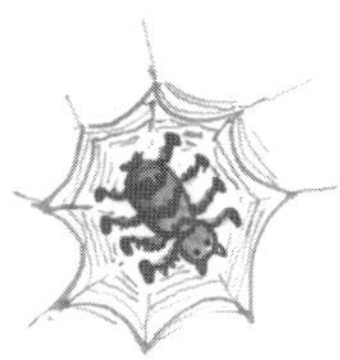

Das brauchen wir für den Umzug
Wegeplan, Laternen aus Kürbissen, Tüten, oder Dosen. Ersatzteelichter, Feuerzeug, Lärminstrumente, Utensilien für die Streiche, wie z.B. Luftballons, Schminke, etc. Taschen für die Treats (Süßigkeiten).

Die Kinder denken sich selbst Streiche aus. Die Erzieherin bringt Vorschläge ein, denn sie sollen auch umsetzbar, sozial vertretbar sein, und allen Beteiligten Spaß machen. Einige Vorschläge können Sie auch in den »Trick or Treat« Sprüchen entdecken (→ S. 44).

Beispiel für den Umzug von Haus zu Haus

Endlich ist es soweit, das Kalenderblatt zeigt die Nacht der Geister und Dämonen an. Am Spätnachmittag des 31. Oktobers, wenn die jüngeren Kinder bereits vom Kindergarten abgeholt wurden, verkleiden und schminken sich die Älteren als Gespenster, Skelette, Vampire, Hexen, Zauberer und Pumpkins (Kürbisse). Ausgestattet mit ihren selbstbemalten Taschen (→ S. 34) und Laternen versammeln sich die Kinder in Kleingruppen um ihre Begleitperson, besprechen die Route und Verhaltensregeln für den Weg. Eine tolle Einstimmung ist die Wiederholung der Sprüche und Verse, die sie an den Haustüren aufsagen werden, und dessen, was sie so alles treiben wollen, wenn es keine Süßigkeiten gibt.

Hui, hui, hui Krötenfuß und Spinnenbein wir sind die Gespensterlein.

Voller Abenteuerlust ziehen die Kinder los. Sie wechseln sich im Tragen des großen, gruseligen Kürbisses, den kleinen Laternen und den Geräuschinstrumenten ab. Mit den Halloweenliedern und Sprüchen machen sie sich unterwegs Mut.
Beim ersten Haus angekommen, empfangen uns Spinnen, die vom Türrahmen baumeln, oder ein Gespenst im Strauch oder Treppenhaus hängend oder ein beleuchteter Kürbis vor der Türe.
Die Kinder rufen im Chor:
»Hui, hui, hui Krötenfuß und Spinnenbein
wir sind die Gespensterlein,
wir wollen was zum Naschen,
drum packt's in unsere Taschen.«
Trick or treat! Trick or treat!

»Hui, hui, hui Krötenfuß und Spinnenbein
wir sind die Gespensterlein,
wir wollen was zum Naschen,
drum packt's in unsere Taschen.«
Trick or treat! Trick or treat!

Die Kinder bekommen allerhand Süßigkeiten, dürfen keine Streiche machen. Zufrieden ziehen sie, ein Gespensterlied singend, zum nächsten Haus. Dort gruseln ihnen Geisterlaternen entgegen. Die Türe öffnet sich, anstelle von Bonbons gibt es schaurige Geräusche (von einem Kassettenrecorder) zu hören. Natürlich wissen die Kinder nicht, dass dieser Spuk schon zuvor mit den Bewohnern vereinbart wurde.
Die Geisterhorde ruft wiederholt »Trick or treat!
Habt Ihr Bonbons, Schoko, Lutscher nicht! –
dann … Punkt, Punkt, Komma, Strich!
Fertig ist das Geistergesicht!«
Mit schallendem Gelächter wird das Gesicht der Bewohner angemalt. Unerschrocken zieht die Schar weiter, sammelt Süßigkeiten ein und spielt den einen oder anderen Streich.
Beim letzten Haus angelangt, erwartet die Kinder zur Stärkung eine Kürbissuppe oder ein heißes Getränk zum Aufwärmen. Mit Sicherheit werden sich die Kinder nun auf ihre »treats« stürzen. – Die Geisterstunde geht dem Ende zu und die Kinder werden hier, im letzten Haus, von ihren Eltern abgeholt.
Variante zum Abschluss des Abends:
Alle Geistergruppen treffen sich nach dem Umzug in der Einrichtung, wo die Eltern schon auf sie warten. Dort lädt ein Geisterbüffet alle zum Schlemmen ein.

Beim letzten Haus angelangt, erwartet die Kinder als Stärkung eine Kürbissuppe oder ein heißes Getränk zum Aufwärmen.

Tipps für ältere Kinder, die alleine losziehen

Mit älteren Kindern, die ohne Begleitung Erwachsener losziehen dürfen, sollte im Gespräch Folgendes erarbeitet werden:

- Nie alleine losziehen, immer zu mehreren.
- Bequeme und sichere Verkleidung verhindert Gefahren und Fehlverhalten im Straßenverkehr.

- Besonders achtsames Verhalten im Straßenverkehr.
- Nur in der Nachbarschaft, in keiner unbekannten Umgebung losziehen.
- Bei fremden Menschen nie die Wohnung betreten, vor der Türe bleiben.
- Keine Streiche, die Schaden anrichten. Über die Streiche müssen auch die anderen lachen können.

Fest und Feier: Party mit Geistern, Hexen und Vampiren

Die Zeit der Gruselparties kann beginnen! Der Erwachsene muss lediglich die Rahmenbedingungen schaffen und den Kindern Material, Raum und Zeit zur Verfügung stellen.

Partydekoration

Mit Hilfe der Kinder und vielleicht der Eltern verwandeln sich die Räumlichkeiten der Kindertagesstätte zum Feiern in ein Spukschloss, in ein Geisterhaus oder in einen Hexenpalast, damit sich die grausigen Gestalten so richtig wohl fühlen. Kurz vor dem Fest bringen wir alles, was nicht unbedingt gebraucht wird, weg und schaffen Platz für folgende Ideen:

- Weiße Luftballons mit aufgemaltem Gespenstergesicht im Raum verteilen oder in einer Ecke gruppieren.
- Girlanden aus Krepp-, Zeitungs- oder Illustriertenpapier, in Form von Fledermäusen, Gespenstern oder Kürbissen geschnitten, an die Decke hängen.
- Lampions in allen Variationen aufhängen oder auf Tische und Schränke stellen.
- Verschieden Masken an die Wände hängen.
- Utensilien, die das jeweilige Motto unterstreichen, hängen an Bindfäden, die quer durch den Raum gespannt wurden.
- Lebensgroße Figuren zum Thema, mit ausgestopften Kleidern, Pappmascheeköpfen und Hut (Kopftuch) hängen an der Decke oder sitzen mitten unter den Gästen.
- Tiere wie Fledermäuse und Spinnen aus Pappmaschee oder Verpackungsmaterial hängen von der Decke, kleben an Wänden, Fenstern und Türen.
- Wandverkleidung aus Paketpapier, alten Tapetenrollen, Wellpappe, Makulaturpapier, z.B. zum Motto passend als Geisterschloss bemalt.

- Verkleidung der Türe mit einem Spinnennetz auf Styropor oder Pappe gemalt, dem Motto entsprechend (z. B. Eingang zum Schloss der Vampire).

Lichteffekte

- Jeder Raum wird sehr dunkel gehalten, denn Geister werden nur nachts aktiv.
- Gestaltung der Fenster mit Transparentpapier (dämpft Licht), Stoff und Gardinenresten, Glasmalfarben. Am Tag der Party noch zusätzlich verdunkeln mit Tüchern.
- Mit bunten Glühbirnen, verkehrt aufgehängten Regenschirmen, Tüchern um eine Lampe drapiert, erzielt man eine gedämpfte Deckenbeleuchtung, eine schummrige Atmosphäre.
- Spotlights, die auf ein Objekt, z. B. Gespenst, gerichtet sind, erzeugen eine gruselige Stimmung. Dazu tragen auch die Gespensterlaternen auf Tischen und Regalen bei.
- Mit Leuchtfarbe bemalte Mobilées oder Plakate reflektieren schaurig.

Auf Tischmanieren achtet keiner, im Gegenteil, die Geister und Hexen dürfen mit den Fingern essen und schmatzen.

Bei einem gruppenübergreifenden Fest kann jeder Raum eine andere Funktion erfüllen.
Die Türen werden dem Motto und der Funktion des Raumes entsprechend gestaltet. Plakate weisen auf die stattfindenden Aktionen hin.
Ein Gruppenraum wird für alle zum Halloweenbistro. Hier trifft man sich am Büffet. Gruselige Schlemmereien und Getränke erfreuen die Sinne der Gäste. An einer langen, dem Motto entsprechend dekorierten Tafel können die Kinder genießen, bis sie sich wieder ins bunte Treiben stürzen. Auf Tischmanieren achtet hier keiner, im Gegenteil, die Geister und Hexen dürfen mit den Fingern essen und schmatzen.

Ein anderer Raum wird zum Geisterkeller und mit endlosen Gängen zu einem aufregenden Labyrinth. Die Kinder helfen beim Aufbau mit, damit sie das Spiel mit Vertrauen genießen können.
Mit Tischen und Stühlen bauen die Kinder ein Labyrinth und hängen schwarze Tücher und Decken darüber. In einer »Sackgasse« werden

alte Spiegel aufgestellt. Große, schwarz bemalte Kartons legen die Kinder mit Kissen aus. Da und dort werden selbstgebastelte Spinnen und Fledermäuse versteckt. In einigen Kartons hängen Fransen aus Wolle oder Stoffresten von der Decke, die bei Berührung ein Schauern auslösen. Tasten sich die Kinder von Wand zu Wand streckt sich ihnen irgendwo eine mit Popcorn gefüllte Geisterhand entgegen, woanders stecken an den Kartonwänden Marshmellow-Geisteraugen und Spinnennetze gibt es an allen Ecken. Irgendwo im Labyrinth erzeugt ein Ventilator schaurigen Wind. An anderer Stelle steht eine Geräuschdose im Weg, die beim Darüberstolpern fürchterlich klingt. Vom Band läuft gruselige Musik, oder es sind Geräusche, wie Türenknarzen, Schleifschritte und Zwölfuhrschlagen zu hören. Für die Mutigen steht eine Schüssel mit Wackelpudding im Dunkeln, das Reinlangen ist glitschig, das Fingerablecken süß!
Die Kinder gehen immer zu mehreren, ausgerüstet mit einer Taschenlampe, durch das Labyrinth.

Da und dort werden selbstgebastelte Spinnen und Fledermäuse versteckt.

Halloweendisco

Eine Halloweendisco darf nicht fehlen. Ein Raum wird zur Disco erklärt. Gruselige Discostimmung erzielt man mit einer Schwarzlichtlampe. Geister mit Leuchtfarben im Gesicht, auf den Händen und auf ihren Gewändern leuchten schrill.
Die Musikzusammenstellung hängt von der Altersgruppe ab. Schulkinder werden sicher ihre eigenen CDs mitbringen und die Musikgestaltung selbst übernehmen. Falls mehrere Kinder Discjockeys sein wollen, wird z.B. halbstündlich abgewechselt.
In der Disco werden auch die einstudierten Hexen- und Vampirtänze zur gegebenen Zeit vorgeführt und Tanzspiele angeboten.

Hexenpalast

(als Beispiel, wenn viele Aktionen in einem Raum stattfinden sollen)

- Hexenküche mit Giftbar: Alkoholfreie Getränke werden hier z.B. umbenannt, in »Glibbermoorpunsch«, »Rumpumpelsekt«, »Teufelsgebräu«, »Vampirblut« (→ S. 68)

- Buffet: Die Speisen bekommen ebenfalls schaurige Namen, z. B. »Götterspeise Wackelzahn«, »Pudding Vogelspinne«, »Hexensalat« (→ S. 63)
- Fensterdekoration: Fenster mit Transparentpapier in kalten Farben, z. B. grün und blau, verkleiden. Fenster evtl. mit Pappe verdunkeln.
- An die Wände und Decke: Spinnweben aus Wollfäden mit Riesenspinnen, Hexenbesen.
- Rumpelkammer: Eine Ecke des Raumes mit Kartons abtrennen. Alte Fetzen, alte Besen, Riesentruhe mit Gerümpel vollstellen. Wände schwarz verkleiden.
- Gruselkabinett: Gespenster, Spinnen, Vampire, Totenköpfe, ausgehöhlte Rüben- und Kürbisköpfe, von innen mit Teelicht beleuchtet, Hexen- und Teufelsmasken dekorieren. Rote und grüne Beleuchtung im Raum, entweder mit farbigen Glühbirnen, oder Lampen mit buntem Papier verkleiden.

Auch die Erzieherinnen schlüpfen in die Rollen von Hexen und Geistern.

Ein Geisterfest

Die Kinder verkleiden und schminken sich zu diesem Thema nach Herzenslust. Dabei sind sie sich gegenseitig behilflich. Auch die Erzieherinnen schlüpfen in die Rollen von Hexen und Geistern. Eine Horde von gruseligen Gestalten versammelt sich in der Halle. Beim Gongschlag Zwölf, bilden die Kinder einen Kreis und ein gemeinsames Begrüßungsritual eröffnet die Party. Eine Kollegin stimmt das Dracula-Lied an (→ S. 60) und eine Mitmachgeschichte (→ S. 56) bringt die Gesellschaft so richtig in Stimmung.
Bevor sich die Kinder in den verschiedenen Räumen verteilen, gibt eine Erzieherin die Information, was wo stattfinden wird und erklärt nochmals die Hinweistafeln an den jeweiligen Türen.
Das Fest selbst ist voller Überraschungen. Eine Erzieherin als Vampir verkleidet, sitzt in einer Schlangengrube (ein aufblasbares Wasserbassin, gefüllt mit dunklen Kissen und Gummischlangen) und erzählt eine Gruselgeschichte. Einige Kinder führen einen heimlich einstudierten Hexen- oder Vampirtanz auf. An Spielen und Tänzen, die zum Motto passen, beteiligen sich alle Kinder mit größtem Vergnü-

gen. Für die älteren Unwesen ist Discomusik angesagt. Am Halloweenbüffet warten so allerhand schaurige Sachen zum Vernaschen, denn auch Geister haben Hunger!
Die jeweiligen Aktionen werden von einem Kind angekündigt. Mit einem Lärminstrument wandert es durch die Räume und animiert zum Mitmachen.
Auch Geister werden müde. Am Ende des Festes treffen sich alle wieder in der Halle. Mit einem Abschiedsritual (→ S. 45) steigen die Kinder wieder aus ihren Rollen und Kostümen. Sie verwandeln sich wieder in Kinder und können so in ihren Alltag zurückkehren.

Der Ablauf der Party hängt sehr von der Altersgruppe, den Bedürfnissen der Kinder und den räumlichen Möglichkeiten ab.
Deshalb geben wir keinen konkreten Vorschlag für eine Party, sondern verweisen auf all die schaurig-schönen Ideen, die Sie als Bausteine in den jeweiligen Themenkreisen finden.

Auch das schönste Gruseln hat ein Ende

Irgendwann werden auch die Geister einmal müde. Aber können sie ohne weiteres ihr Gewand und ihre Späße ablegen? Die Kinder identifizierten sich ganz mit ihrer Rolle, deshalb ist es wichtig, sie wieder in den Alltag zurückzuführen.
Abschiedsrituale (→ S. 45) helfen, damit aus furchterregenden Gestalten wieder Kinder werden. Malen, wie auch über das Gewesene sprechen, hilft Eindrücke zu verarbeiten. Eine Fantasiereise (→ S. 75) führt die »Gespenster« wieder in ihr normales Leben zurück; – und sicherlich können Sie hier und da beobachten, dass die Kinder entspannter, weniger ängstlich, zufriedener und selbstbewusster geworden sind.
Zur Freude aller, der Erwachsen und der Kinder, wird das Fest mit Fotos und Kinderzeichnungen dokumentiert.

Bausteine
für die praktische Arbeit

Schminken und Verkleiden

Sich zu verkleiden und in andere Rollen zu schlüpfen entspringt menschlichen Bedürfnissen. Kinder gehen ganz in ihren selbstgewählten Figuren auf und sie schaffen sich selbstständig Situationen, in denen sie ihre neuerworbene Identität ausleben. Sind die Kinder im Alltag meist spontan, ohne Aufforderung der Erwachsenen aktiv, brauchen sie für das Halloweenfest die Unterstützung der Erwachsenen, um Kostüme zu entwerfen und vorzubereiten. Zu Halloween verkleidet man sich in möglichst gruselige Gestalten. Böse Geister kann man nur in schaurigen Kostümen vertreiben. Die Kinder wissen ganz genau, wie ein Gespenst oder eine Hexe auszusehen hat, ihr Ideenreichtum kennt keine Grenzen. Masken, die die Kinder besonders stark und gruselig erscheinen lassen, sind zu Halloween ein absolutes Muss. Schönheiten wie Prinzessinnen im Fasching sind hier nicht angesagt.

Verkleidungsecke und Schminktisch

Das braucht man
Einen großen und mehrere kleine Spiegel, Schminkutensilien, Verkleidungskiste oder Regal, Kleiderständer, Kleiderbügel und Klamotten, die zu Halloween passen.

So wird's gemacht
Aktivieren Sie erst einmal die Eltern, in ihren Kleiderschränken, Kammern und Speichern, bei Freunden und Verwandten, nach alten, zu Halloween passenden Klamotten zu stöbern.

Die ausgedienten Kleidungsstücke sollten erst gewaschen werden. Falls dies die Eltern nicht selbst übernehmen, könnte das auch zu einer interessanten Aktion für Kinder im Kindergarten oder Hort werden.
Einige Teile lassen sich zusammengelegt in einer Kiste oder in Regalen anbieten, bei Kleidern, Blusen, Röcken ist ein rollender Kleiderständer, den es in Baumärkten sehr günstig zu kaufen gibt, geeignet.

Die Schminke wird zum größten Teil mit den Kindern selbst hergestellt. Als Schminke für Kinder eignet sich am besten Fettschminke in Form von Cremes und Stiften. Für Blutspuren oder Spinnen im Gesicht eignet sich wasserlösliche Schminke gut. Weißer Babypuder ist ideal zum Schminken eines Geistergesichtes. Neonfarben leuchten schön schrill bei der Gruseldisco. Man kann sie nicht selbst herstellen aber in vielen Kaufhäusern und Drogeriemärkten kaufen.

Zur Einführung unserer neuen Verkleidungsecke darf sich jedes Kind nach seinen Vorstellungen verkleiden und sich einen selbsterfundenen, gruseligen Namen geben. Mit Mimik und Gestik stellt es sich den anderen Kindern vor.

Verkleidung als Kürbis

Das braucht man
T-Shirts, Pullis, Hemden, Hosen, Strumpfhosen und Tücher in den Farben gelb, orange, grün. Ein Kissen, eine Badekappe oder Baskenmütze, grünes Krepppapier, Schere, Schminkstifte.

So wird's gemacht
Kleidungsstücke anziehen, mit dem Tuch ein Kissen um den Bauch binden, damit man dick wie ein Kürbis aussieht. Aus dem Krepppapier eine Halskrause in Zackenform ausschneiden und umbinden. Auf den Kopf kommt die Baskenmütze oder Badekappe. Das Gesicht wird wie ein Kürbisgesicht bemalt. Typisch dafür ist, die Augen mit schwarzen Dreiecken zu ummalen, und ein weiteres kleines Dreieck auf die Nasenspitze zu setzen; den Mund ganz groß und zackig, also zahnlos, zu ummalen. Den Umriss des Kürbisses auf dem Gesicht

vorzeichnen und mit orangefarbener Schminke ausmalen. Auf die Stirne kann ein Blatt oder eine Ranke gemalt werden.

Verkleidung als Gespenst

Das braucht man

Ein altes Betttuch oder besser einen alten Bettbezug, eine Schere, schwarzes oder orangenes Band als Gürtel, weiße Strümpfe, oder Strumpfhose, alte Eisenkette, schwarze Schminke.

So wird's gemacht

Ein Bettbezug eignet sich zur Verkleidung als Geist für Kinder besser als ein Betttuch, da der Bezug nicht so leicht verrutscht, wenn die Kinder zu Geistern werden.
Das Kind schlüpft in den Bezug hinein, so dass ein Zipfel am Kopf wegsteht. Nun werden Löcher für Augen, Nase und Mund vorgezeichnet. Die Handausgriffe an den Seiten werden markiert. Den Bezug wieder ausziehen und die Löcher entsprechend ausschneiden. Das Kind malt sich die Augenhöhlen schwarz an, zieht die weißen Strümpfe an, stülpt sich den Bezug über den Kopf und bindet sich als Gürtel ein orangenes Band um. Zum Rasseln hängt man sich die Eisenkette um den Arm oder an den Fuß.

Die Gespenstergewänder können auch individuell ausgeschmückt werden, z. B.: An den Bezug Federn, Bänder, Wattekügelchen kleben, oder den Bezug farbig nach einem Motto bemalen. Beispielsweise hellblau für ein Himmelsgespenst oder blaugrün für ein Unterwassergespenst oder dunkelgrün für ein Wald- und Wiesengespenst und so fort. Mit Leuchtfarbe bemalte Gewänder erzielen einen tollen Effekt in der Gruseldisco.

Verkleidung als Skelett

Das braucht man

Schwarze Leggins, schwarzes Oberteil, weißes Klebeband, Schminke. Abbildung eines Skeletts zur Orientierung.

So wird's gemacht
Schwarze Kleidungsstücke mit weißen Klebebändern als Skelett bekleben und anziehen. Das Gesicht und den Hals weiß schminken, die Augenhöhlen schwarz ausmalen. Auf die Nase ein schwarzes Dreieck malen, die Lippen ebenfalls schwarz schminken und mit kleinen Strichen Zahnreihen andeuten. Mit feinen schwarzen Linien auf dem weißen Gesicht können Sie die Knochenfugen des Schädels andeuten. Dazu einen klapprigen Gang einüben.

Variante: Skelett auf Papiersäcken

Das braucht man
Großer Papiersack, weiße Farbe, dicker Pinsel, Schminke.

So wird's gemacht
In den Papiersack Löcher für den Kopf und die Arme schneiden. Mit weißer Farbe ein Gerippe aufmalen. Das Gesicht passend schminken.

Verkleidung als Hexe

Grundausstattung
Schwarze Kleidung, schwarze löchrige Tücher als Umhang, geringelte Strümpfe oder zwei verschiedene Strümpfe, viel zu große Schuhe, Kissen als Buckel, Hexenhut, Hexenbesen.

Hexenhut

Das braucht man
Schwarzen Karton, Stift mit Schnur, Schere, Klebstoff. Wolle, Bast- oder Schnurknäuel.

So wird's gemacht
Mit Stift und Schnur einen Zirkel herstellen und einen großen Kreis für die Hutkrempe auf den Karton zeichnen. Beim Ausschneiden des Kopfes einen 1cm breiten Rand stehen lassen, der alle ein bis zwei Zentimeter eingeschnitten und dann hochgeklappt wird. Hier wird dann die Hutspitze angeklebt.

Für die Hutspitze einen Halbkreis aus dem schwarzen Karton ausschneiden, ihn zu einem Kegel zusammen rollen und in dem Umfang zusammen kleben, dass er in den hochstehenden Rand der Krempe passt. Dort gut festkleben. An den inneren Rand Wolle oder Bast als Haare kleben. Die Haare sehen auch in schrillen Farben, z.B. in Grün, Rot oder Orange hexenhaft gut aus.

Verkleidung als Zauberhexe

Das braucht man

Schminke, Kamm, Haarspray, langer Zipfelrock, ersatzweise löchrige Häkeltücher, Tücher mit Fransen zum umbinden. Schwarze Jacke, Pulli, oder T-Shirt, eine alte Spitzenbluse und Glitzertücher. Alter Gürtel oder Strick, ausgetretene, große Schuhe oder Pantoffeln. Alu- oder Bastelfolie, Tesafilm.
Für den Hexenbesen: Reisig, Stock oder Ast, Schnur oder Draht.

So wird's gemacht

Das Gesicht einschließlich Hals blau schminken, Augenlider und Mund hellgrün. Augenbrauen, Augen und Mund schwarz umranden. Auf die Wangen Spinne mit Netz, eine Kröte, oder eine Fledermaus mit schwarzem Stift aufmalen. Die Haare wild toupieren und mit Haarspray fixieren.
Fantasievoll verkleiden mit zipfeligem Rock oder Fransentüchern, darunter alte Spitzenunterröcke, die hervorschauen. Um die Taille einen alten Gürtel oder Strick binden. Die ausgetretenen Schuhe, die mindestens zwei Nummern zu groß sein sollten, mit Papier ausstopfen oder zu große Pantoffel anziehen. An die Fingernägel aus Alu- oder Bastelfolie krallige Fingernägel wickeln und mit Tesafilm befestigen.

Und schon kann die Hexe mit ihrem Hexenbesen, einem mit Reisig umwickelten Stock, durch die Nacht reiten!

Verkleiden als Vampir

Vampire »leben« in alten Burgen und Schlössern, dementsprechend sind sie wie feine Herren gekleidet. Der berühmteste Vampir war Graf Dracula.

Deshalb brauchen wir
Schwarzen Umhang, weißes Hemd, Fliege, eine Weste, schwarze Hose, schwarze Schuhe. Zylinder, schwarze Handschuhe, Spazierstock. Schminke, Vampirgebiss.

So wird's gemacht
Gesicht weiß schminken, Augenbrauen dick und zackig in Schwarz aufmalen, Koteletten auch schwarz und zackig. Der Haaransatz wird mit schwarzen Spitzen an Stirn und Schläfen verändert. Augenlider, Augenränder und Lippen knallrot schminken. An den Mundwinkeln Blutstropfen und Blutspuren aufmalen und das Gebiss einsetzen. Ohne fertiges Gebiss können die gefährlichen Zähne auch aufgemalt werden. Die oben aufgezählten Kleidungsstücke anziehen und in die dunkle Nacht eilen.

Vampirhaare – Hexenfrisur

Das braucht man
Haargel, auch in bunten schrillen Farben, Glitter, Toupierkamm, Haarspray, auch farbige Haarsprays.

So wird's gemacht
Haargel einkneten und die Haare zackig zurecht drehen, einzelne Zacken ins Gesicht zupfen. Glitter oder Glittergel auf einzelne Strähnen aufbringen. Die Haare können aber auch ganz wild toupiert und mit viel Haarspray fixiert und mit Glitter oder farbigen Haarsprays dekoriert werden.

Tipp
Vor dem Zubettgehen, Haare waschen und gut abschminken. Mit Fettcreme und Watte oder Wattepads die Schminke ablösen, mit lauwarmem Wasser Gesicht gründlich waschen. Nach dem Abtrocknen gut eincremen, denn Schminke kann die Haut leicht austrocknen.

T-Shirts beschriften

Für Schulkinder sind selbst gemachte T-Shirts ein toller Verkleidungsgag zur Halloween-Party.

Das braucht man
Weiße T-Shirts, rote Stoffmalfarbe, Pinsel, Plastiktüten, Drahtkleiderbügel.

So wird's gemacht
Unten in die Mitte der Plastiktüte ein Loch schneiden, die Tüte über den Kleiderbügel stülpen und darüber das T-Shirt hängen. Mit der Stoffmalfarbe in großen Buchstaben »HALLOWEEN« draufschreiben. Die Plastiktüte verhindert das Durchmalen auf die Rückseite des Shirts und da auf das hängende Shirt gemalt wird, läuft die Schrift wie »Blut« nach unten.
Das Gesicht passend schaurig schminken.

Schminke selbstgemacht

Für die Halloween-Zeit wird eine Unmenge an Schminke benötigt. Deshalb hier ein Rezept für Schminke, die hautverträglich ist und mit den Kindern leicht selbst hergestellt werden kann.

Das braucht man
Hautpflegecreme z.B. Nivea oder Bebe, flüssige Lebensmittelfarbe, kleine Schneebesen oder Löffel zum Anrühren und kleine ausgediente Schraubgläser zum Aufbewahren.

So wird's gemacht
Auf 3 Esslöffel Creme 15–30 Tropfen Lebensmittelfarbe träufeln und gut verrühren. Gläser gut verschrauben.
Der Umgang mit Schminke und das Schminken selbst sollte mit den Kindern erarbeitet werden, bevor sie alleine experimentieren.

Schminkstifte

Zutaten pro Schminkstift
1 Msp. Farbpigmente (in allen größeren Farbengeschäften – biologische Farbpigmente in alternativen Läden), 1 TL Vaseline.

Gerät und Material zur Herstellung
Ein alter Topf, ein hitzebeständiger Behälter, Herd oder Plattenkocher, Schaschlikstäbe, Papier, Kleber, Alufolie, Bleistift.

Vorbereitungsarbeit
Aus einem Papier ein 10 x 4 cm großes Stück zurechtschneiden und dieses dann um einen Bleistift wickeln. Dieses Röllchen zusammenkleben und ein Ende mit Alufolie umwickeln, so dass es ein dichtes Röhrchen gibt.

Herstellung der Schminkstifte
Vaseline im Wasserbad erwärmen, bis sie flüssig ist. Farbpigmente hinzugeben und gut miteinander verrühren. Die Masse in die vorbereiteten Papierröllchen füllen und sie aufrecht zum Festwerden in ein Glas stellen. Am besten für 3–4 Stunden in den Kühlschrank geben.

Hinweis
Falls Sie Stifte nur für die Lippen herstellen wollen, empfiehlt es sich, einzelne Tropfen Lebensmittelaromen (Backaromen) hinzuzufügen.
Für jüngere Kinder ist das Herstellen der Röhrchen und das Einfüllen der heißen Schminke zu schwierig. Hier kann man auf alte kleine Cremedöschen ausweichen.
Schminke in Neonfarben/Leuchtfarben können Sie im Fachhandel beziehen.

Bildnerisches Gestalten

Kürbislaterne

Es ist seit jeher Tradition, an Halloween leuchtende Kürbisgeister aufzustellen oder mit diesen von Haus zu Haus zu ziehen. Ausgehöhlte Wassermelonen eignen sich ebenso.

Das braucht man
Kürbis von ca. 30 cm Höhe und gutem Stand, Stumpenkerze, Esslöffel, Gemüsemesser, schwarzer Filzstift.

So wird's gemacht
Mit einem Stift Schnittlinie für den Deckel vorzeichnen und mit einem Gemüsemesser Deckel ausschneiden. Um zu verhindern, dass der Deckel später nach innen fällt, zeigt die Messerspitze beim Schneiden auf die Mitte des Kürbis. Mit einem Löffel Fruchtfleisch und Kerne ausschaben und mit dem Messer restliches Fruchtfleisch von den Wänden lösen. Damit die Laterne ihre Form behält ca. 2 cm Fruchtfleisch stehen lassen. Mit dem Stift Augen, Nase und Mund vorzeichnen und mit dem Messer ausschneiden. Kerzenprobe machen: Kerze im Kürbis anzünden, Deckel auf Kürbis setzen. Erlischt die Kerze, Öffnungen vergrößern. Kürbis mit etwas Fruchtfleisch abreiben, da dies die Farbe auffrischt. Das Fruchtfleisch wird kühl gestellt und für Suppen, Kuchen oder Kompott verwendet; die Kürbiskerne schmecken geröstet gut zu Salat.

Glaslaterne

Das braucht man
Alte Marmeladen und Jogurtgläser, Glasmalfarben in Orange, Gelb und Schwarz, Pinsel, Teelichter.

So wird's gemacht
Gläser gut reinigen und trocknen. Breite orange und gelbe Streifen aufmalen, mit schwarzer Farbe lustiges oder gruseliges Halloweengesicht aufmalen. Nach Gebrauchsanweisung die Farbe im Backofen einbrennen. Mit einem Teelicht beleuchtet, schmücken die Laternen Tische und Sideboards, Fensterbänke oder Treppen in der Halle.

Kürbisse modellieren

Aus verschiedenen Modelliermassen wie z.B. Pappmaschee, Plastilin oder Salzteig Kürbisse formen und bemalen.
Salzteig kann auch mit Lebensmittelfarbe entsprechend eingefärbt werden.

Leuchtgespenster

Plastilinähnliche Knetmasse eignet sich im natürlichen Zustand zum Modellieren von kleinen Gespenstern, die auf einen Ast gehängt werden können. Mit Leuchtfarbe angemalt wirken sie in verdunkelten Ecken und Räumen gespenstisch.

Zutaten für Knetmasse
400g Mehl, 200g Salz, 10g wasserlösliches Alaun-Pulver (gibt es in der Apotheke)
3 Esslöffel Öl, 1/2 Liter Wasser, Lebensmittelfarben.

Zubereitung
Die Kinder wiegen die Zutaten selbst ab und mischen Alaun mit Mehl und Salz. Das Wasser zum Kochen bringen, Öl und Farbe unterrühren. Die Flüssigkeit mit den festen Zutaten vorsichtig verrühren, bis die Masse lauwarm ist und durchgeknetet werden kann. Falls die Knete zu wenig geschmeidig ist, weitere Öltropfen einarbeiten. Portionenweise einfärben. In Frischhaltedosen oder Alufolie farblich getrennt aufbewahren.

Gespenster malen mit Zuckerkreide

Das braucht man
Weiße Tafelkreide, Zuckerraffinade, warmes Wasser, Schälchen und schwarzes Tonpapier, mindestens in DIN A3-Format.

So wird's gemacht
Lösen Sie etwa drei Esslöffel Zucker in einem Becher oder einem Schälchen, gefüllt mit warmem Wasser, auf. Stellen Sie dann die Kreide hinein und lassen Sie sie etwa 10 Minuten einweichen (kann aber auch länger liegen). Die Kreide kann zusammen mit den Kindern vorbereitet werden.
Die Kinder malen mit der nassen Kreide ihr Gespenst auf Papier.

Gespenstercollage

Das braucht man
Schwarzen Karton, verschiedene weiße Papiere, Stoff, Watte, oder Papiertaschentücher, orangefarbene Bänder, Klebstoff, schwarzen Stift, Schere. (Als Augen eignen sich hier auch bewegliche Plastikaugen).

So wird's gemacht
Die Kinder kleben gerissene, geschnittene, geknüllte Papierstücke, Stoffe oder Watte in der Form eines Gespenstes auf das schwarze Papier, in die schwarze Nacht sozusagen. Sie kleben den Geistern ein orangefarbenes Band um den Hals und malen mit schwarzem Stift das Gespenstergesicht auf.

Trick-or-Treat-Taschen für den Umzug

Das braucht man
Einkaufsbeutel aus Nessel, Stoffmalfarben, Pinsel, Pappkarton, Bügeleisen.

So wird's gemacht
Die Kinder erfahren, dass sie die Taschen zum Einsammeln von Süßigkeiten beim Umzug von Haus zu Haus brauchen. Sie überlegen

sich ein grausiges Motiv zum Aufmalen und wählen die Farben aus. In die Tasche wird vor dem Bemalen ein entsprechend großer Pappkarton gelegt, damit sich die Malerei nicht auf die andere Seite durchdrückt. Nun kann es losgehen! Bald schauen von den Taschen Spinnen, schwarze Katzen, Fledermäuse, Vampire, Kürbisgesichter usw. Nach dem Trocknen werden die Farben durch Bügeln von links fixiert. Das können auch schon jüngere Kinder im Beisein von Erwachsenen selbst. Bis die Taschen gebraucht werden, sind sie aufgehängt eine lustige Dekoration.

Spinnweben aus Zauberwolle

Zu einem schaurigen Geisterschloss gehören viele Spinnweben mit Spinnen. Besonders gut eignet sich zur Herstellung der Spinnennetze ungesponnene, gekämmte Schafwolle in Naturfarben. Im Fachhandel wird sie als Zauberwolle oder auch als Märchenwolle bezeichnet. Die Kinder ziehen die Wolle sorgfältig auseinander bis ein ganz feines spinnwebenartiges Netz entsteht.

Vogelspinnen

Diese selbstgebastelten Spinnen mit pelzigen Beinen und haarigem Körper sehen täuschend echt aus. Sie kommen sehr gut zur Geltung, wenn man sie in die Spinnweben aus Zauberwolle, oder in ein aufgehängtes Netz setzt.

Das braucht man

Ungesponnene, gekämmte Schafwolle in dunkler Farbe, 5 Pfeifenputzer von je 20 cm Länge in entsprechender Farbe, ein kurzes Pfeifenputzerstück zum Fixieren der Spinnenbeine.

So wird's gemacht

Für die vier Spinnenbeine Pfeifenputzer nebeneinander legen und in der Mitte mit dem Draht umwickeln. Aus dem verbliebenen Pfeifenreiniger eine Eiform biegen und an den Enden miteinander verbinden. Aus der Schafwolle dünne Streifen ziehen und die Eiform damit umwickeln, bis der Spinnenkörper annähernd seine endgültige Größe erreicht hat. Das Ende der Wolle ausdünnen und an den Körper anschmiegen. Spinnenbeine mit Wollstreifen am Körper befestigen und dabei die Wolle zwischen den Beinen kreuzweise um den Körper wickeln. Spinnenbeine in die entsprechende Form biegen.

Vampirische Stempel

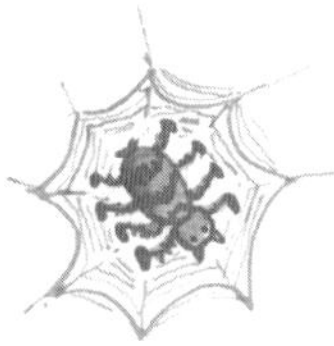

Sicher haben die Kinder viele Ideen, was sie alles bedrucken wollen, es bieten sich z.B. Servietten, Tischsets, Einladungskarten, Papiertaschen für die »Treats«, Vampir-, oder Halloweenposter an.
Eine Spinne auf die Hand oder auch ins Gesicht gestempelt, weist jeden als Gast der Geisterparty aus.

Das braucht man

Moosgummi 2mm dick, Filzstift, spitze Schere, leere Filmdosen, Kontaktkleber, Stempelkissen oder geeignete Farbe.

So wird's gemacht

Mit dem Stift kleines Motiv, das zum Ausschneiden nicht zu schwierig ist, auf das Moosgummi aufzeichnen. Gut eignen sich: Maus, Ratte, Fledermaus, Gespenst, Kürbis mit Fratzengesicht, Knochen und dergleichen. Die Form ausschneiden und mit einem spitzen Gegenstand Augen und Mund herausbohren. Einzelheiten, wie Barthaare, können auch nach dem Stempeln mit einem feinen Filzstift ergänzt werden. Motiv auf den Deckel der Filmdose kleben oder auf die Dosenwand, dann funktioniert er als Rollstempel.

Geisterhände drucken

Das braucht man

Schwarzen Karton, weiße Fingerfarbe, Lappen.

So wird's gemacht

Die Kinder malen sich die Hände mit weißer Farbe an und drucken ihre Geisterhände ab.

Papiertischdecke mit Geisterhänden bedrucken

Das braucht man
Braunes Packpapier von der Rolle, weiße Fingerfarbe, Lappen und viel Platz.

So wird's gemacht
Das Packpapier auf dem Boden ausrollen, jedes Kind druckt seine weiß bemalten Hände ab. Die Tischdecke gibt eine geisterhafte Dekoration bei der Halloweenparty ab.

Spinnennetz pusten

Das braucht man
Blatt Papier oder Papierrolle, schwarze Tusche, Pipetten Strohhalme, Zeichenfeder oder schwarze Filzstifte. Flüssiges Tipp-Ex. Ein Foto mit einer Spinne im Netz.

So wird's gemacht
Zur Veranschaulichung betrachten die Kinder das Foto mit einer Spinne im Netz. Nun ziehen die Kinder mit der Pipette Tusche aus dem Glas und machen einen Klecks auf das Papier. (Entweder arbeitet jedes Kind an seinem Blatt oder mehrere Kinder an einer Papierrolle. Diese wird dann aufgehängt, oder als Tischdekoration verwendet.)
Mit einem Strohhalm pusten die Kinder nach allen Richtungen Spinnenbeine und ein Spinnennetz. Mit einer Feder und Tusche oder mit einem Filzstift kann bei der Form der Spinne noch nachgeholfen werden. Mit Tipp-Ex werden der Spinne Augen aufgemalt und vielleicht auch ein weißes Kreuz auf den Rücken.

Kürbismasken

Das braucht man
Pappteller, Buntstifte, Schere, Hutgummiband.

So wird's gemacht

Die Nase, den Mund und die Augen (im Abstand von ca. 3 cm) auf die Rückseite des Papptellers zeichnen und ausschneiden. Oberen Rand in Zacken schneiden. Teller vorne lustig oder gruselig, wie ein Kürbisgesicht bemalen. Seitlich für das Befestigen der Gummibänder jeweils ein Loch durchstechen. Gummibänder in entsprechender Länge abschneiden, durchfädeln und gut verknoten.

Spinne aus Styroporkugeln

Das braucht man

Eine große und eine kleine Styroporkugel, schwarzen Lack, Styroporkleber, schwarze Pfeifenputzer, bewegliche Augen, Gummischnur. (Alternativ zu Styroporkugeln können auch Käseschachteln verwendet werden), Schere, Stricknadel.

So wird's gemacht

Die große und die kleine Kugel halbieren, schwarz anmalen oder ansprühen. Nach dem Trocknen zusammenkleben. Acht Pfeifenputzer als Beine zurechtschneiden. Mit der Stricknadel an den Befestigungsstellen kleine Löcher bohren, diese mit Klebstoff füllen und die Beine ankleben. Gummischnur befestigen. Eignet sich gut zum Einsatz bei Trick or Treat!

Skelett aus Papptellern

Das braucht man

Rechteckige Pappteller, ein runder Pappteller, Bleistift, schwarzer Filzstift oder bewegliche Augen und Klebstoff, Schere, Draht und Zange und ein Gummiband.

So wird's gemacht
Knochen mit Bleistift auf die eckigen Pappteller zeichnen und ausschneiden. Auf den runden Teller ein Geistergesicht mit Filzstift malen oder die beweglichen Augen aufkleben. Die einzelnen Knochen und den Schädel mit Draht zum Skelett zusammenfügen. Mit Gummiband an die Decke hängen.

Leuchtende Gespenster

Das braucht man
Pappkarton in weiß, Bleistift, Schere, Leuchtfarbe (aus dem Bastelgeschäft) schwarzer Filzstift, Pinsel.

So wird's gemacht
Kinder zeichnen frei nach ihren Vorstellungen ein Gespenst auf den weißen Karton, schneiden dieses aus und bemalen es mit der Leuchtfarbe. Mit dem Filzstift wird ein Geistergesicht aufgemalt. Die Gespenster werden an langen Fäden an die Decke oder an einen Ast gehängt. Bei abgedunkeltem Raum leuchten sie schaurig schön. Durch die Luftzirkulation scheinen sie ständig zu tanzen.

Gespenster aus Plastiktüten

Das braucht man
Weiße Plastiktüten, alte Zeitungen, Küchenrolle, orangefarbenes oder schwarzes Band, Magic Marker oder bewegliche Geisteraugen (aus dem Bastelgeschäft) für die Augen, Nylonschnur.

So wird's gemacht
Alte weiße Einkaufstüten aus Plastik und ohne Aufdruck sammeln. Zeitungen zu einer Kugel knüllen, mit einer Lage Küchenrolle umwickeln, mit Klebeband fixieren und in die Plastiktüte stecken. Direkt am Kopf abbinden. Das Band in einer Länge abschneiden, dass es auch im Wind flattern kann. Die Tüte bleibt unten offen, wie bei einem Windsack. Gespenstergesicht aufmalen oder bewegliche Augen aufkleben und mit einer Nylonschnur in die Bäume hängen. Die Geister tanzen zum großen Spaß der Kinder im Herbstwind.

Solch ein Gespenst kann auch mit fließenden Tüchern, z. B. aus Seide oder auch aus Seidenpapier und einem gefüllten Luftballon als Kopf, in verschiedenen Größen im Raum hängen.

Gespenstermarionette

Das braucht man
Weißen, fließenden Stoff (50 x 50 cm), Wattekugel (5 cm), drei Holzperlen (2 cm), Faden zum Abbinden und zum Aufhängen der Marionette am Rundholz, zwei Rundhölzer (30 cm und 50 cm).

So wird's gemacht
Holzperle am Ende des Fadens befestigen, an welchem später der Kopf aufgehängt wird. Mit Hilfe einer Nadel Faden durch Stoffmitte und Wattekugel ziehen. Tuch unterhalb der Wattekugel abbinden. So entsteht der Gespensterkopf; das verbleibende Tuch ist das Gewand. An den gegenüberliegenden Zipfeln des Stoffes (»Gespensterarme«) Holzperlen verknoten. Neben diesen Perlen ebenfalls Fäden anbringen, die jeweils am Ende des längeren Rundholzes befestigt werden. Nun den Faden des Kopfes in der Mitte des kürzeren Rundholzes verknoten. Die Länge der Spielfäden richtet sich nach der Größe der Spieler. Bei gebeugtem Arm sollten die Tuchspitzen der Marionette den Boden berühren! Abschließend mit Stoffmalstiften dem Gespenst ein Gesicht aufmalen.

Halloweenbaum

Das wird gebraucht
Zweige, Blumentopf oder Vase, Moos, selbstgebastelte Spinnen, kleine Gespenster, Fledermäuse u. Ä., schwarze Farbe und Pinsel.

So wird's gemacht
Zweige sammeln, schwarz anmalen und in eine Vase stecken. Moos obenauf legen. Gespenster und Tiere an die Zweige hängen. In der Nähe von einer Heizung oder Türe aufstellen, damit sie durch die abstrahlende Wärme immer in Bewegung sind.

Halloweenketten

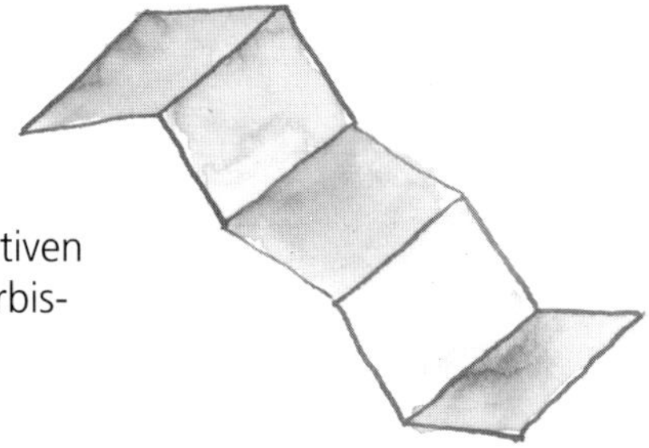

Dieser spukige Partyschmuck lässt sich mit unterschiedlichen Motiven herstellen. Ob Papierketten aus Fledermäusen, Geistern oder Kürbissen, der Vorgang ist immer derselbe.

Das brauchen Sie
Bleistift, Schere, weißes DIN A3-Papier für Gespenster, schwarzes für Fledermäuse, orangefarbenes für Kürbisse.

So wird's gemacht
Das Papier der Länge nach in der Mitte durchschneiden. Streifen als Ziehharmonika in genau vier gleiche Teile falten. Muster mit Hilfe einer Schablone auf das oberste Blatt malen. Dabei darauf achten, dass an beiden Seiten das Muster einen Teil vom Papierrand stehen lässt, der nicht ausgeschnitten wird. Muster ausschneiden und als Kette auseinanderziehen. Die Figuren halten sich untereinander an den Stellen, wo der Rand nicht abgeschnitten wurde. Den Vorgang mit weiteren Papierstreifen wiederholen, die dann aneinander geklebt eine lange Girlande ergeben.

Halloweenstrohhalme

Das braucht man
Farbig sortiertes Papier, Schere, Stifte, Strohhalme.

So wird's gemacht
Kleine Buntpapierstücke ca. 8 x 8 cm in der Mitte zusammenfalten. Von der Faltlinie ausgehend halben Umriss einer Fledermaus, eines Kürbisses oder eines Gespenstes vorzeichnen und ausschneiden. Auseinanderfalten und in der Mitte des Motivs zwei kleine Schlitze anbringen und Strohhalm hindurch stecken.

Fledermaus-Tischset

Halloweensnacks schmecken sicher nochmal so gut, wenn ein selbstgestaltetes Tischset den eigenen Platz ziert.

Das braucht man
Schwarzen Fotokarton (DIN A3), gelbes und schwarzes Buntpapier für die Augen und weißes für die Zähne, weißen Stift, transparente Klebefolie, Schere.

So wird's gemacht
In Größe des Papierbogens Fledermausschablone herstellen und mit weißem Stift auf schwarzen Karton übertragen. Mit Buntpapier Augen und Zähne der Fledermaus gestalten, eventuell in einem der Flügel Namen vermerken. Zum Schutz gegen Nässe Fotokarton vorne und hinten mit Folie bekleben. Form ausschneiden.
In gleicher Vorgehensweise lassen sich auch andere Motive aufzeichnen und ausschneiden.

Glühbirnenrassel

Das braucht man
Alte Glühbirne, Zeitungspapier, Kleister.

So wird's gemacht
Die Glühbirne wird mit mehreren Schichten gekleistertem Papier beklebt und dann 24 Stunden an der Luft getrocknet. Auf Wunsch kann sie noch bemalt werden. Damit aus der Glühbirne eine Rassel wird, muss die Form mehrmals auf den Tisch geschlagen werden.

Dosenrassel

Das braucht man
Blechdosen, allerlei Füllungen: Schrauben, Kronkorken, Bohnen, Knöpfe.

So wird's gemacht
Die Kinder wählen das gewünschte Material aus und füllen damit die Dose. Diese wird mit einem Klebeband gut verschlossen und kann auf Wunsch noch bemalt werden.

Krachschlange

Wer erinnert sich nicht an den alten Kinderstreich, mehrere Konservendosen hintereinander auf eine Schnur zu fädeln, diese an der Stoßstange eines Autos zu befestigen und sich am Krach zu erfreuen, der dabei entsteht, wenn sich das Gefährt in Bewegung setzt? So eine Krachschlange kann man auch zu Halloween hinter sich herziehen und den scheppernden Lärm genießen. Die Löcher in den Konservendosen macht man am besten mit einem Handbohrer oder mit dem Milchdosenöffner, anschließend muss man nur alle Dosen auf einen festen Faden aufreihen und vorne eine Handschlaufe knüpfen.

Spiele und Aktionen

Geister-Begrüßungsritual

Spielanregung

Der Spielleiter schlägt zwölf Mal den Gong!
Alle Geisterwesen versammeln sich im Kreis und fassen sich an den Händen.
Der Spielleiter spricht:
»Hat die Turmuhr Zwölf geschlagen,
sich die Geister aus den Häusern wagen.
Krötenei und Spinnenbein,
ihr sollt ein Gespenst heut sein!«
Zur Begrüßung bewegen sich die Gespenster in gebückter Haltung zur Kreismitte und rufen immer lauter werdend:
»Huibu, Huibu.«
Auf dem Weg zum Ausgangspunkt werden sie wieder leiser.
Der Spielleiter spricht:
»Wir treiben heute Schabernack
mit jedem, der das mag!
Doch auch für Gespenster gelten Regeln,
wenn sie durch die Lüfte segeln!«

Hat die Turmuhr Zwölf geschlagen, sich die Geister aus den Häusern wagen.

Der Spielleiter trägt vor, die Kinder sprechen im Chor die Regeln nach. Jede Regel wird durch einen Schlag auf den Gong bekräftigt. Bei gefassten Händen schwingen die Kinder die Arme im Rhythmus der Sprache auf und ab.

- Gespenster und andere Schreckensgestalten tun sich nicht weh, sonst gibt's Ärger oh je!
- Kleine Kinder und alte Menschen wollen wir nicht erschrecken mit unseren Besen und Stecken!
- Mit Kerzen zündeln wir nicht, wer das tut, ist ein dummer Wicht!
- Wird mir der Trubel als Geist zuviel, darf ich Mensch sein, wenn ich will!

- Allen Kindern wünschen wir, ganz egal, ob in New York, … (hier Heimatort einfügen) oder Wien ein Happy Halloween!
- Allen Kindern wünschen wir, ganz egal, ob in New York, … (Heimatort) oder Budapest, ein gruseliges Geisterfest!

Zusätzliche Regeln für den Umzug von Haus zu Haus:

- Auf der Straße sind wir vorsichtig, das ist auch uns Geistern sehr wichtig!
- Wir spielen nur Streiche, wie ausgemacht, damit am Ende jeder noch lacht!
- Süßigkeiten wollen wir teilen, wenn wir im letzten Haus verweilen!

Jeder Spuk hat mal ein Ende

Spielanregung

Der Spielleiter macht durch 12 Gongschläge auf das Ende der Veranstaltung aufmerksam und spricht:
»Rattenschwanz und Krötenei, die Geisterstunde ist vorbei. Auch der schönste Spuk hat mal ein Ende, reicht zum Abschied euch die Hände!«
Kinder reichen sich die Hände und rufen zuerst lauter, dann leiser werdend ein letztes Mal »Huibu, Huibu …« (Einmal auf den Gong schlagen!)
»Mäusezahn und Spinnenbein, ihr sollt nun wieder Menschen sein! Wir sagen uns auf Wiedersehn, bis nächstes Jahr zu Halloween!«
Alle rufen im Chor: »Happy Halloween!«

Halloween Abschiedsritual

Wir ziehen unsere Kostüme aus
und steigen aus den Rollen raus.
Wir schütteln unsere Geisterfinger
und sind nun wieder Kinder!
Wir schütteln unsere Hände,
der Spuk ist nun zu Ende.
Wir pusten die Laternen aus
und mutig gehen wir nach Haus!

Das Nachtgespenst

Heute Abend um sechs,
kommt die alte Hex.
Kurz darauf um sieben,
fängt sie fette Fliegen.
Schlägt die Turmuhr acht,
wird es langsam Nacht.
Später dann um neune,
knistert's in der Scheune.
Zeigt das Zifferblatt zehn,
ist noch nichts zu sehn.
Ist es erst mal elf,
wird es bald schon zwölf,
und dann um Mitternacht
das Nachtgespenst erwacht.

Spielanregung
Ein Kind hockt als »Gespenst« in der Kreismitte und stellt sich schlafend. Die Umstehenden sprechen gemeinsam den Vers. Ist das »Gespenst« erwacht, versucht es, die in allen Richtungen davonlaufenden Kinder zu erhaschen. Gelingt es dem »Gespenst« eines oder mehrere Kinder zu fangen, sind diese beim folgenden Spiel Nachtgespenster.

Apfel-Angeln oder »Bobbing for Apples«

Zur Halloweenzeit ist Apfelernte und so kommt es, dass dieses Spiel bei jeder Geisterfete Tradition hat.

Das braucht man
Große Wanne, Äpfel, Handtücher.

Spielanregung
Da es sich um ein lustiges, aber sehr nasses Spiel handelt, sollte der Boden unempfindlich gegen Nässe sein. In eine mit Wasser gefüllte Wanne werden viele Äpfel gegeben. Die Kinder können nun versu-

chen mit hinter dem Rücken verschränkten Armen einen Apfel nur mit dem Mund herauszufischen.

Reise ins Geisterland

Gespielt wird wie die »Reise nach Jerusalem«, aber in Geisterkleidung und mit Geistermusik im Halbdunkel.

Spinnennetzspiel

Die Kinder sitzen im Kreis und werfen sich ein Wollknäuel zu. Dabei muss jedes Kind darauf achten, dass es das Ende gut festhält. Beim Zuwerfen darf es sich einen Gespensternamen geben, oder ein Symbol nennen, das zur Geisterwelt gehört. Jedes Kind kommt mehrmals dran und so entsteht ein großes Spinnennetz. Zur gespenstischen Musik von der Kassette stehen die Kinder auf und nach den Anweisungen der Erzieherin oder eines Kindes bewegen sie das Netz nach oben, nach rechts, nach links oder nach unten. Das erfordert Konzentration, macht aber Spaß und sieht unheimlich gespenstisch aus.

Spinnenrennen

Eine ferngesteuerte Spinne, die Luftballons zum Platzen bringt, ist sicher eine große Attraktion auf jeder Halloweenparty.

Das braucht man
Für die Spinne: ein Luftballon, Zeitungspapier, Kleister, acht schwarze Pfeifenputzer, ein Korken, eine Stecknadel, Kleber, Plakafarben in Schwarz und Weiß, Pinsel.

Für das Spiel
Ein ferngesteuertes Auto und Funkgerät, Klebeband, viele Luftballons, in die vor dem Aufblasen kleine Preise oder Lose hineingegeben werden, eine Tischtennisplatte, glatter Boden, oder eine andere glatte Fläche, 4 Leisten zum Eingrenzen der Tischtennisplatte.

Anleitung zur Herstellung der Spinne

- Luftballon aufblasen (Größe des Autos beachten, es muss später unter dem halben Luftballon Platz haben!).
- Aus dem Zeitungspapier Streifen reißen, in den Kleister tauchen und den Luftballon rundum damit kaschieren. Mehrere Schichten übereinander kleben.
- Vorne einen kleinen Kopf modellieren, trocknen lassen.
- Luftballon längs durchschneiden, aus einer Hälfte die Spinne herstellen: unter den Kopf den Korken kleben, indem eine Stecknadel steckt.
- Die Spinne schwarz anmalen, vielleicht mit einem weißen Kreuz auf dem Rücken.
- Die Pfeifenputzer als Beine knicken und ankleben.
- Die Spinne wird über das Auto gestülpt und das Auto mit Klebeband befestigt.

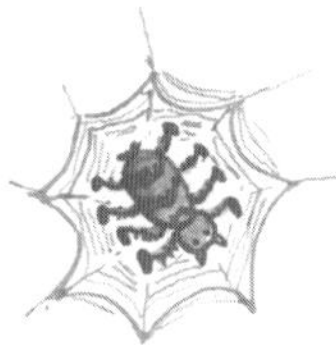

Spielanleitung

- Die Tischtennisplatte wird mit den Holzleisten umgeben, es entsteht eine kleine Begrenzung rund um die Fläche.
- Die Luftballons werden mit Preisen, oder Losen gefüllt, aufgeblasen und mit einem Geistergesicht bemalt. Die Menge richtet sich nach der Zahl der Mitspieler.
- Jeder Spieler schickt die Spinne mit dem Funkgerät ins Rennen und versucht, einen Luftballon zum Platzen zu bringen. Gelingt ihm dies, so darf er den Preis, der jetzt zum Vorschein kommt, entgegennehmen oder das Los für die Tombola behalten.

Hexengarn

Manchmal, wenn es den kleinen Hexen langweilig ist und sie ihre Freundinnen erschrecken wollen, verstecken sie kleine Spinnen, Kröten oder Würmer in einem Wollknäuel und spielen zusammen das Spiel Hexengarn.

Das braucht man

Wolle, Würfel (Zahlen- oder Farbwürfel), unheimliches Plastikgetier.

Spielanregung
Unbeobachtet von den Mitspielern wird eine »Spinne« oder anderes Getier in Wolle gewickelt bis ein Knäuel entsteht. Die Kinder würfeln der Reihe nach, bis eine Sechs gewürfelt wird. Das betreffende Kind wickelt die Wolle so lange ab, bis ein nachfolgendes Kind ebenfalls eine Sechs würfelt. Das Spiel endet, wenn das Wollknäuel vollends abgewickelt ist und das Tierchen seinen neuen Besitzer findet.

Schlangendieb

In einem Schlangennest sind alle bis auf eine Schlange ungiftig. Alle kennen die giftige Schlange, nur der Schlangendieb nicht. Er schleicht sich nachts an das Schlangennest und klaut Schlangen. Bis jetzt hat er Glück gehabt ...

Das braucht man
Flacher Korb als Schlangennest, Schlangen aus Fruchtgummi.

Spielanregung
In den Korb werden ca. sechs Schlangen gelegt. Ein Kind verlässt als Schlangendieb den Raum. Die Mitspieler beraten, welche von den Schlangen die giftige ist und nicht eingesammelt werden darf. Der »Schlangendieb« kann beliebig viele Schlangen aus dem Nest holen. Berührt er allerdings die »Giftschlange«, schreien die Kinder aus vollem Halse. Leider muss er nun alle eingesammelten Schlangen wieder ins Nest zurücklegen.

Fotowand

Das braucht man
Große Kartons, große Rolle Packpapier, zwei Böcke, Malfarben, Pinsel, Schere, Tapetenmesser.

So wird's gemacht
Auf einen großen Karton (Umzugskarton oder noch größeres Verpackungsmaterial) werden eine Geisterburg, grausige Figuren, wie Hexen, Vampire, Zauberer, auch Tiere, wie Spinnen oder Fledermäuse

gemalt. Die Gesichter werden herausgeschnitten. Beim Fotografieren stellen sich die Personen hinter die Fotowand und schauen durch die Öffnungen. Während der Karton von selbst steht, braucht die Papprolle eine Befestigung an Böcken, Kartonteilen und Stäben.

Mumien in der Gruft

In der Gruft eines alten Schlosse liegen seit mehr als tausend Jahren Mumien in ihren Särgen. Auf eine spezielle Art wurden sie auf das Jenseits vorbereitet. Mit Ölen wurden sie einbalsamiert, mit Binden eingewickelt und in einen Sarkophag gelegt …

Das braucht man

Pro Paar eine Rolle festes Toilettenpapier.

Spielanregung

Es finden sich unter den Mitspielern zwei oder auch mehrere Paare, die gegeneinander antreten. Die Paare bestehen aus je einem »Einbalsamierer« und einer »Mumie«. Jedes Paar wird mit einer Papierrolle ausgestattet und auf ein Startzeichen kann das Spiel beginnen. Unter den Anfeuerungsrufen der Zuschauer beginnt der »Einbalsamierer« seinen Mitspieler in eine Mumie zu verwandeln. Dazu wickelt er seinen Partner von Kopf bis Fuß oder umgekehrt ein. Die Arme liegen dabei eng am Körper an. Der »Einbalsamierer« muss darauf achten, dass das Papier nicht reißt, Nase Augen und Mund etwas frei bleiben. Sieger ist, wer als erster die ganze Rolle verbraucht hat. Den Spaß unbedingt fotografieren! Mehrere Gruppen können auf Zeit gegeneinander spielen.

Staffel mit Geisterluftballons

Das braucht man

Für jeden Mitspieler ein Ballon, einige Ballons zur Reserve. Ein dicker Filzstift.

So wird's gemacht

Zwei Mannschaften stellen die Stühle in Staffelform auf. Jeder Mitspieler bekommt einen Luftballon in die Hand. Auf das Startzeichen hin rennt der erste Spieler jeder Mannschaft los und bläst seinen Luftballon auf, während er seine Stuhlreihe umrundet. Zu seinem Stuhl zurückgekehrt, malt er ein Geistergesicht auf den Ballon, setzt sich mit Wucht darauf und bringt ihn zum Platzen. Erst wenn es knallt, rennt der nächste Spieler los.

Fingerspiel mit Knotenpuppe

Im Nu verwandelt sich ein Tuch in ein Gespensterchen, wenn man einen lockeren Knoten in den Zipfel eines Tuches knüpft. Das Tuch wird dann über die Spielhand gezogen und zur Handpuppe.

Das braucht man
Zwei Bahnen dünner Stoff aus weißer Seide oder Baumwolle in der Größe von ca. 50 x 50 cm.

Spielanregung

Hört ihr die Gespenster lachen?	*Auf den Zeigefinger der rechten und der linken Hand Knotenpuppe setzen. Die Arme sind vor der Brust gekreuzt. Die Gespenster liegen in der Armbeuge.*
Es sind Kunibert und Theobald, die um Mitternacht erwachen.	*Zuerst die eine, dann die andere Hand nach oben bewegen.*
Wenn die Uhren zwölf Uhr zeigen, tanzen sie den Gespensterreigen. Sie drehen sich im Kreise auf ganz besondere Weise. Sie fangen und sie necken sich, verstecken sich und erschrecken Dich!	*Hände führen die Bewegungen aus, wie im Text angegeben.*
Sie haben sehr viel Spaß dabei – Punkt Eins ist der ganze Spuk vorbei!	*Hände mit »Gespenstern« verschwinden hinter dem Rücken.*

Musizieren und Tanzen

Die Kinder nehmen unheimliche Geräusche als Geistermusik auf Kassette auf und spielen diese im Gruselkabinett ab. Hexen- und Vampirtänze können einstudiert oder frei zu Discomusik getanzt werden.

Zehn kleine Gespensterchen

Text: Eva Reuys, Melodie: volkstümlich

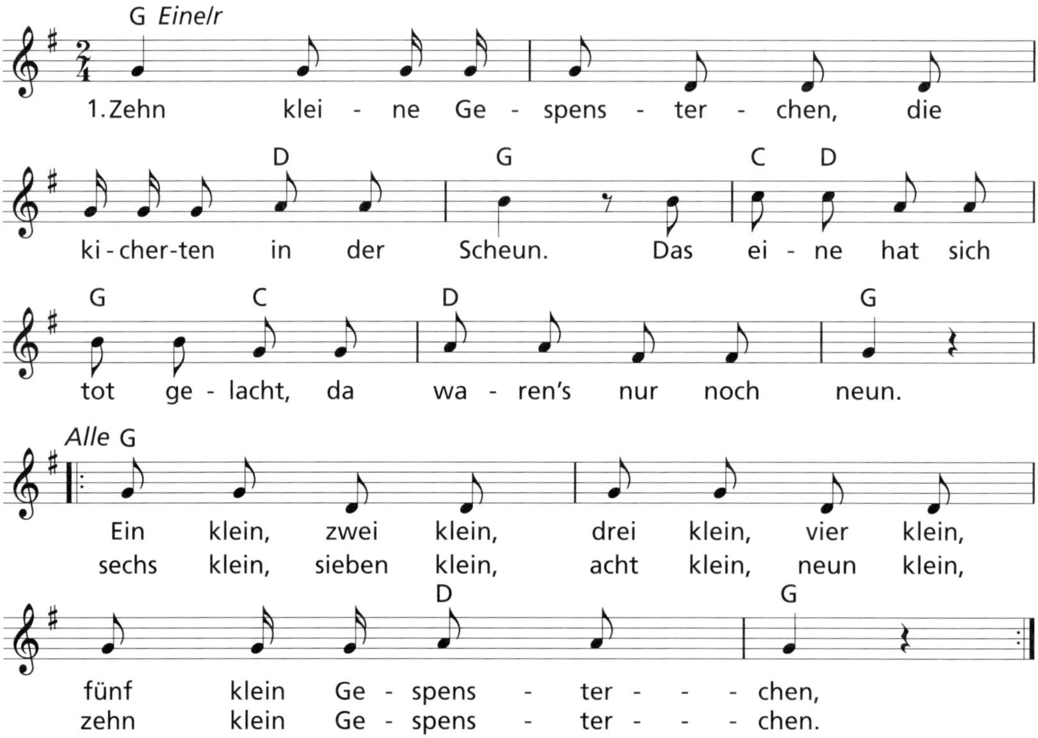

2. Neun kleine Gespensterchen, die tanzten in der Nacht,
   eins hat sich den Fuß verstaucht, da waren's nur noch acht.
   Refrain: Ein klein, zwei klein, drei klein, vier klein,
   fünf klein Gespensterchen,
   sechs klein, sieben klein, acht klein, neun klein,
   zehn klein Gespensterchen.
3. Acht kleine Gespensterchen, die übten sich im Fliegen,
   eins ist dabei abgestürzt, da waren's nur noch sieben.
   Refrain: Ein klein …
4. Sieben kleine Gespensterchen, die ärgerten die Hex,
   eines hat die Hex geschnappt, da waren's nur noch sechs.
   Refrain: Ein klein …
5. Sechs kleine Gespensterchen, die kauften weiße Strümpf,
   eines hat sich im Kaufhaus verirrt, da waren's nur noch fünf.
   Refrain: Ein klein …
6. Fünf kleine Gespensterchen, die sahen ein großes Tier,
   eines hatte Angst davor, da waren's nur noch vier.
   Refrain: Ein klein …
7. Drei kleine Gespensterchen, die stritten sich, auwei,
   eines ist davon gelaufen, da waren's nur noch zwei.
   Refrain: Ein klein …
8. Zwei kleine Gespensterchen verliebten sich in Heinz,
   eins schritt mit ihm zum Traualtar, da blieb dann nur noch eins.
   Refrain: Ein klein …
9. Ein kleines Gespensterchen, das fühlt sich sehr allein,
   das Brautpaar lädt zur Hochzeit ein, da kommen alle neun.
   Refrain: Ein klein …
10. Zehn kleine Gespensterchen im Walzertakt sich drehn,
   keines ist verloren 'gangen, am Ende waren's noch zehn.
   Refrain: Ein klein …

Tanz um die Kürbislaterne

Den Tanz eröffnen die Hexen, welche auf dem Hexenbesen reitend den erleuchteten Kürbis umrunden. Am Ende des Tanzes fordert jede Hexe einen Zuschauer zum Mittanzen auf und überreicht ihm dazu ihren Hexenbesen. Der Tanz wird wiederholt und endet damit, dass die Hexen und Geisterwesen mit ihren Besen die Zuschauer zur allgemeinen Belustigung erschrecken.

Raumgestaltung

Raum etwas abdunkeln, Kreismitte mit der Kürbislaterne gestalten. Um den Kürbis Hexenbesen für den zweiten Durchgang sternförmig legen. Farbige Klebepunkte am Boden vor jedem Besen erleichtern den Tänzern das Wiederfinden ihrer Ausgangsposition.

Instrumentalbegleitung

Begleitet wird der Tanz mit einem Tamburin. Der Rhythmus ist anfangs langsam, steigert sich zunehmend, bis ein Schlag auf das Tamburin die Bewegung stoppt.
Verkleidung: Kostümierung als Zauberhexe mit Hexenhut und Hexenbesen.

Choreographie

Langsam schlurfend kommen die Hexen auf ihren Besen reitend in den Raum und umrunden einmal den Kürbis bis zu ihrem markierten Ausgangspunkt. Auf der Stelle eine ganze Drehung nach rechts und dabei viermal mit dem rechten Fuß aufstampfen. Auf der Stelle eine ganze Drehung nach links und dabei viermal mit dem linken Fuß aufstampfen. In etwas schnellerem Tempo mit dem Besen in der rechten Hand um den Kürbis gehen, Besen bei jedem Schritt auf den Boden aufstoßen. Am Ausgangspunkt angekommen; aus der Kreismitte vier Schritte nach rückwärts gehen und dabei Besen in die Luft stoßen. Vier Schritte wieder zur Kreismitte gehen und dabei Besen in die Luft stoßen. Zunächst im gleichen Tempo um den Kürbis gehen und dabei den Besen kreisförmig in der Luft schwingen. Tempo steigern, die Hexen stoßen nun schrille Laute wie hihihi, hohoho, huhuhu aus oder sie kreischen wild durcheinander, bis ein Schlag auf das Tamburin ihre Bewegung stoppt und sie wie versteinert dastehen. Nach einer Pause erweckt eine weiterer Tamburinschlag sie zum Leben. Jede Hexe nimmt sich einen Besen und fordert einen der Zuschauer zum Tanz auf, der sich in den o.g. Schritten wiederholt. Am Ende des Tanzes, wenn alle Hexen und Geisterwesen wieder zum Leben erweckt wurden, formieren sich die Tänzer zum Kreis und bilden mit ihren Hexenbesen eine Pyramide über der Kürbislaterne. Dann strömen sie in alle Richtungen und erschrecken die Zuschauer mit ihren Besen.

Gespensterballett

Ein Höhepunkt jeder Halloweenparty ist sicher das Gespensterballett. Nach selbstkomponierter Gruselmusik und gemeinsam ausgetüftelter Choreographie tanzen die Gespenstermarionetten. Zu diesem Ballett laden die Erwachsenen die Kinder ein oder aber die Schulkinder studieren es für die »Kleinen« ein.
Am Tag der Aufführung kleiden sich die Spieler ganz in schwarz, damit die »Gespenster« gut zur Geltung kommen. Ein Tisch wird auf die Seite geklappt und mit einem schwarzen Tuch verhängt. Die so entstandene Gespensterbühne wird im abgedunkelten Raum mit Strahlern beleuchtet. Zwei bis drei Spieler stehen hinter der Bühne und lassen ihre Gespenstermarionetten (→ S. 40) zur Geistermusik tanzen.

Gespenstermusik

Sammeln Sie Materialien, mit denen sich die vielfältigsten Geräusche erzeugen lassen: Topfdeckel, Blechdosen, Schrauben, Kronkorken, raschelnde Stoffe, verschiedene Papiersorten, Luftballons. Probieren Sie mit den Kindern aus, welche Geräusche sich sonst noch für Gruselmusik eignen: schlurfende Schritte, knarrende Türen, Gähnen, Wimmern, Stöhnen. Komponieren Sie mit den Kindern eine Gruselmusik, die sie auf Band aufnehmen. Spielen Sie dazu klassische Musik ein und Sie haben die passende musikalische Untermalung für ein Gespensterballett.

Gespensterspuk um Mitternacht

Teilnehmer
20 Spieler und mehr (je größer die Gruppe, desto lebhafter das Spiel).

Material
Ein Gong, ein Schlüsselbund, Papiertaschentücher.

Mitternachts-Gespenster-Song

Text, Musik und Spielidee: Hanne Viehoff

Spielverlauf
Die Spieler sitzen in mehreren Reihen hintereinander im Halbkreis auf dem Boden. Der Spielleiter stellt sich als Sir Arthur Rutherfield aus Southern-Small-Village vor und übt mehrmals den Mitternachts-Gespenster-Song mit der Gruppe ein. Im weiteren Verlauf erzählt er seine Geschichte, die er mit Bewegungen (in Klammer stehend) und dem Mitternachts-Gespenster-Song untermalt. Die Gruppe greift dies auf und macht die Bewegungen und den Gesang mit; dazu erhält jeder ein Papiertaschentuch. Der Spielleiter steigert die Spannung oder lässt den Mitternachts-Gespenster-Song wiederholen (laut-leise), damit die Stimmung angeheizt wird.

Gespenster-Mitmachklanggeschichte

Es ist Mitternacht in Southern-Small-Village. Vom Kirchturm ertönen zwölf Glockenschläge (zwölf Schläge auf dem Gong). Aus einem dumpfen Kellergewölbe kommt kettenrasselnd (mit Schlüsselbund rasseln) Sir Arthur Rutherfield. Bleich scheint der runde Mond (mit beiden Armen Kreise in der Luft zeichnen) durch die jahrhundertealten, verstaubten Kellerfenster. Sir Arthur Rutherfield ist ja so müde (laut gähnen)! Seit 497 Jahren und 352 Nächten schon muss er jede Nacht seinen Mitternachts-Gespenster-Song durch die offene Kellerluke singen. Er singt müde: Schuhu … Wo meine Gespenster heute bleiben?

Er singt noch einmal seinen Mitternachts-Gespenster-Song, diesmal etwas lauter: Schuhu … und rasselt laut mit den Ketten (mit Schlüsselbund rasseln). Da ertönt es aus den verfallenen Ruinen des Schlosses leise zurück: Schuhu … Sir Arthur Rutherfield reckt und streckt sich (recken und strecken), er fühlt neue Kräfte in sich.
Da kommen die Gespenster ja (mit dem Finger in eine Ecke weisen), klettern die eingefallenen Mauern hoch (mit Armen und Beinen kraxeln); schwingen sich über dunkle Abgründe (leises Zischen); laufen schnell durch die endlos langen Schlossflure (mit den Füßen trampeln), stolpern über jahrhundertealte, vermooste Mauersteine (mit den Händen Stolperrhythmus klatschen) und singen aus allen Ecken den Mitternachts-Gespenster-Song. (Der Spielleiter teilt ein: Eine Gruppe beginnt, eine in einer anderen Ecke wiederholt usw. bis ca. viermal). Schon treffen sich alle Gespenster im Turmzimmer bei den aufgescheuchten Fledermäusen (Arme schwingen und zischen). Und ab geht die wilde Jagd; die 1037 Stufen der Wendeltreppe hinunter (kreisende Bewegung eines Armes von oben nach unten), durch die knarrende Holztür (krr), über herumliegende Steinbrocken (Stolperrhythmus klatschen), und immer lauter rufen sie ihren Mitternachts-Gespenster-Song: Schuhu … Schon sind sie im Keller angekommen; Sir Arthur Rutherfield begrüßt sie mit einem freudigen: Schuhu …

Seine Gespenster antworten laut: Schuhu… und auch die kleinsten Gespensterchen kreischen (in hohen Tönen) Schuhu… Sir Arthur Rutherfield rasselt mit seinen Ketten (Schlüsselbund rasseln), alle Gespenster sind still.
Und sogleich beginnen sie wieder an allen Ecken und Enden mit ihrem Gespenstertanz (Papiertaschentuch in der Hand hin und her schwenken, Schunkelbewegungen machen, dabei den Gespenstersong singen oder summen).
Doch nun müssen sie wieder zurück, ihre Zeit ist bald um. Ab geht es über herumliegende Steinbrocken (Stolperrhythmus klatschen), durch die knarrende Holztür (krr, krrr), die 1037 Stufen der Wendeltreppe hinauf (kreisende Bewegungen mit einem Arm von unten nach oben), zurück in das Turmzimmer zu den aufgescheuchten Fledermäusen (Arme schwingen, zischen), die eingefallene Schlossmauer hoch (mit Armen und Beinen kraxeln) und zurück in ihre Gespensterlöcher. Von dort erklingt es noch einmal aus allen Ecken: Schuhu … Sir Arthur Rutherfield antwortet: Schuhu … Er rasselt noch einmal leise mit den Ketten (Schlüsselbund rasseln) und versinkt in seinen Gespensterschlaf. Schon schlägt die Kirchturmuhr Eins. (1 mal auf den Gong schlagen). Alles ist still wie im Grab, nichts ist mehr zu hören in Southern-Small-Village. (Lange Pause)

Ich bin das kleine Wackelmonster

Text, Musik und Spielidee: Hanne Viehoff

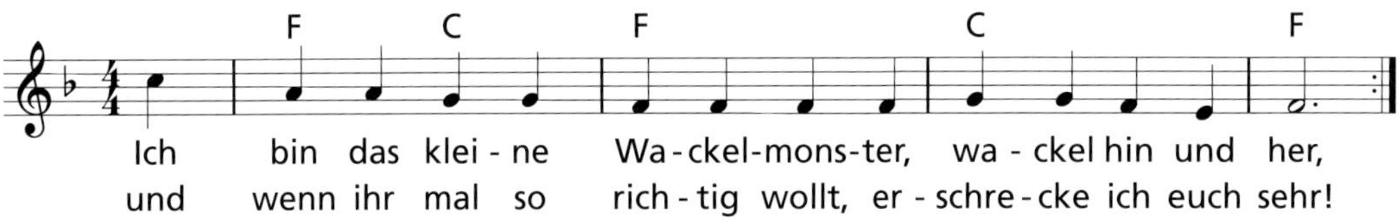

Gesprochen: Wollt ihr? *Alle antworten:* Jaaa!/Nein!

Spielidee
Die Kinder sitzen oder stehen im Kreis. Ein Spieler ist das kleine Wackelmonster, das sich in der Kreismitte wackelnd hin und her bewegt, während alle gemeinsam das Lied singen. Das Wackelmonster fragt die Kinder »Wollt ihr?« Alle antworten mit »Jaaa!« Das Wackelmonster darf nun drei Kinder erschrecken, indem es laut »Huhuhu« brüllt mit den Füßen aufstampft oder in die Hände klatscht. Das letzte von den Dreien ist dann beim nächsten Spieldurchgang das kleine Wackelmonster. Entschließen sich die Kinder, das Spiel zu beenden, dann rufen sie: »Nein, nein, nein, das lass sein!«

102 Gespensterchen

Text: James Krüss, Musik: Wilhelm Keller

2. Hundertzwei Gespensterchen
   haben mich erschreckt.
   Weit entfernt vom Fensterchen
   hab ich mich versteckt.

3. Hundertzwei Gespensterchen
   waren plötzlich fort.
   Schlich mich schnell zum Fensterchen.
   Fand sie nicht mehr dort.

4. Hundertzwei Gespensterchen
   denkt euch wie famos,
   waren an dem Fensterchen
   Regentropfen bloß!

Dracula Rock

Text und Musik: Fredrik Vahle

2. Er hat die Ringelsocken an
und tanzt so schaurig schön der Mann.
Die Fledermäuse wundern sich.
So kennen sie ihr Herrchen nicht.
Bei Nacht, bei Nacht, bei Nacht, bei Nacht,
im Schi-Scha-Schubidupp Mondenschein.

3. Nur einmal ist er so geschafft.
Er trinkt statt Blut nur Traubensaft.
Dann springt er wieder auf wie toll.
Wer ist der King beim Rock'n Roll?
Herr Dracula, Herr Dracula
im Schi-Scha-Schubidupp Mondenschein.

4. Und vor dem ersten Morgenrot
isst Dracula sein Blutwurstbrot.
Da staunt der Friedhofswärter sehr.
Wo kommt denn nur das Schmatzen her?
Bei Nacht, bei Nacht, bei Nacht, bei Nacht,
im Schi-Scha-Schubidupp Mondenschein.

5. Doch da bricht schon der Morgen an,
was Dracula nicht leiden kann.
Er macht den letzen Überschlag
in seinen alten Eichensarg
bei Nacht, bei Nacht, bei Nacht, bei Nacht,
im Schi-Scha-Schubidupp Mondenschein.

Angst zu haben ist nicht schwer

Text und Musik: Swana Rensmann

2. Schatten wandern hin und her,
fürchte mich allein so sehr.
Plötzlich kamst du in mein Zimmer rein,
spürtest wohl von meiner Angst allein.
Du berührst mich sanft und lachst mir zu,
da verschwindet meine Angst im Nu.
Und dann schlaf ich wieder ein,
jetzt bin ich nicht mehr allein.

Backen und Kochen: Leckeres aus der Hexenküche

Spinnenmuffins

Diese Spinnen sind wunderbar gruselig und zum Aufessen fast zu schade!

Zutaten für 12 Muffins
Rührteig aus 200g Butter, 1 Prise Salz, 200g Zucker, 4 Eier, Geschmackszutaten nach Wahl: geraspelte Schokolade oder Vanille, ca. 1/8 l Milch, 500g Mehl, davon nach Belieben bis 1/3 der Menge Stärkemehl.

Zutaten für die Dekoration
100g Kokosraspel, 1 Esslöffel Kakaopulver, Fruchtgummischnüre, Zuckerschrift, Schokodrops.

Außerdem braucht man
Papierbackförmchen fürs Blech oder Muffinblech, Zahnstocher.
Tipp: Falls Sie kein Muffinblech haben, reicht es auch, wenn sie zwei Papierförmchen ineinander stellen.

So wird's gemacht
Mit dem elektrischen Handrührgerät Butter schaumig rühren, nach und nach Zucker unterrühren, ganze Eier einzeln zugeben, jedes Ei 1/2 Minute unterrühren. Mehl mit Stärkemehl und Backpulver gemischt esslöffelweise abwechselnd mit Milch bei zurückgeschalteter Stufe unterrühren, Teig nur kurz durchrühren, da er sonst zäh wird. Verbesserungszutaten untermengen. Herd auf 200 Grad vorheizen (Umluft 180 Grad).
Den Teig in die Blechvertiefungen oder Papierförmchen füllen, im Herd ca. 20 Minuten backen, Garpro-

be machen. Muffins ca. 5 Minuten im Blech lassen, dann herausnehmen und auskühlen lassen. Kokosraspeln mit Kakaopulver vermischen und Muffins damit bestreuen. Fruchtgummischnüre als Beine in die Muffins stecken, die Löcher dafür mit einem Zahnstocher vorsichtig vorbohren. Zwei Schokodrops mit etwas Zuckerschrift als Augen anbringen und diese mit einem Zuckerschriftklecks verzieren.

Monstermuffins

Hier können sich Kinder ihr eigenes Monster erschaffen.

Zutaten für 12 Muffins
siehe Spinnenmuffins

Für die Dekoration
kleine Amaretti oder Marshmallows, Zuckerschrift, Fruchtgummischnüre

So wird's gemacht
Muffins wie oben beschrieben, backen und auskühlen lassen. Amaretti oder Marshmallows mit Zuckerschrift als Augen aufkleben. Pupillen mit Zuckerschrift aufmalen. Aus Frucht-Gummischnüren Mund formen und Haare um das Gesicht drapieren.

Seelenkuchen

Zutaten für eine eckige Auflaufform oder 12 Muffins
300g tiefgefrorene Beeren, 80g Butter, 80g Zucker, 1 Vanillezucker, 4 Eier, 1/8l Milch, 80g Mehl, 100g gehobelte Mandeln. Puderzucker zum Bestäuben.

So wird's gemacht
Butter in kleiner Pfanne zerlaufen lassen. Butter, Zucker, Vanillezucker und Eigelb schaumig schlagen, abwechselnd Milch und Mehl zugeben. (Der Teig ist sehr flüssig, wie bei Pfannkuchen.)

Die Beeren in eine gebutterte Auflaufform geben und den Teig darüber gießen (oder die Beeren und Teig in Muffinförmchen füllen).
Mandeln darauf streuen.
Bei 180 Grad (Umluft) ca. 30–40 Minuten backen (Muffins ca. 30 Minuten).
Nach dem Erkalten mit Puderzucker bestäuben und in kleine Stückchen schneiden.
Der Kuchen schmeckt allerdings warm auch sehr fein!

Gespensterlutscher

Lutscher in Form von Gespenstern sind sicher ein besonders originelles »treat«!

Zutaten für 8 Lutscher
2 Esslöffel weiche Butter, eine Tasse Zucker

Material
Teller, kleiner Topf, Kochlöffel, 8 Esslöffel, Alufolie, 8 Schaschlikspieße, weiße Papierservietten, Schere, orangenes oder schwarzes Band, schwarzer ungiftiger Filzstift.

So wird's gemacht
Alufolie unterlegen. Darauf Teller stellen und sternförmig Löffel anordnen, mit dem Stielende auf den Tellerrand legen. Zucker und Butter in einem Topf bei großer Hitze, unter ständigem Rühren goldbraun und cremig werden lassen. Zu dunkle Masse schmeckt bitter!

Die Karamelcreme auf die Löffel verteilen und darin abkühlen lassen. Etwa drei Minuten später die Spieße hineindrücken. Wenn die Lutscher erkaltet sind, Masse vom Löffel lösen. Papierservietten über Lutscher stülpen, abbinden und Geistergesicht aufmalen.
Gespensterlutscher machen sich auch gut als Dekoration eines Büffets, wenn sie in einen Kuchen oder auf eine Styroporplatte gesteckt werden.

Geisterhände

Zutaten

Quarkölteig aus 250g Mehl, 200g Magerquark, 6 Esslöffel Milch, 6 Esslöffel Öl, 1 Päckchen Backpulver, 1/2 Teelöffel Salz, Backpapier

So wird's gemacht

Quark mit Öl, Milch und Salz verrühren. Die Hälfte des mit Backpulver gemischten Mehls unterrühren. Restliches Mehl unterkneten, bis der Teig eine gleichmäßige Beschaffenheit hat.
Auf bemehlter Arbeitsfläche Hände formen: Aus dem Teig fingerdicke Rollen formen, dabei für jeden Finger drei Glieder. Für den Handteller eine große Kugel formen und etwas plattdrücken. Für das Handgelenk eine kleine Kugel formen und plattdrücken. Die einzelnen Teile an den Enden mit Eiweiß bestreichen und auf dem mit Backpapier belegten Backblech zu einer Hand zusammensetzen. Die Hände mit Mehl bestäuben und im vorgeheiztem Herd bei 225 Grad (Umluft 200 Grad) ca. 15 Minuten backen.

Kräckerspinnen

Zutaten

Runde Kräcker, Salzstangen, Frischkäse, Tomatenmark, Mayonnaise in der Tube

So wird's gemacht

Kräcker mit Frischkäse bestreichen, Salzstangen auseinanderbrechen und als Spinnenbeine zwischen zwei aufeinanderliegende Kräckerscheiben legen. Mit der Tube Mayonnaise und dem Tomatenmark Spinnenaugen und Mund auf den Kräcker malen.

Mondgesichter

Zutaten für acht Brote
4 hartgekochte Eier, 4 Teelöffel Öl, 300g Frischkäse, 8 Scheiben rundes Vollkornbrot, 8 Kirschtomaten, 4 Essiggürkchen, 1 rote Paprikaschote

So wird's gemacht
Eier pellen, halbieren und das Eigelb herauslösen. Eigelb mit Gabel zerdrücken, Öl untermischen, Frischkäse dazugeben und alles zu einer Paste verrühren. Brotscheiben mit der Eipaste bestreichen. Eiweiß in dünne Streifen schneiden und als Haarschopf auf die oberen Brothälften legen. Aus der Paprika Münder schneiden und von den Gürkchen die Enden abschneiden und als Nasen verwenden. Von den verbleibenden Gurken dünne Streifen schneiden und zwischen die Eiweißstreifen als Haare legen.

Kürbiskuchen

An Halloween wird traditionell ein »Pumpkin Cake« aus Kürbisfleisch gebacken. Zu einer anderen Zeit kann der Kürbis gegen Karotten ausgetauscht werden.

An Halloween wird traditionell ein »Pumpkin Cake« aus Kürbisfleisch gebacken.

Zutaten
500g Mehl, 500g brauner Zucker, 3/8l Öl, 4 Eier, 800g Kürbisfleisch oder 1kg Karotten, 1/2 Teelöffel Salz, 2 Teelöffel Backpulver, 1 Teelöffel Zimt, 100g gemahlene Haselnüsse. Für den Belag: Zitronenglasur, 300g Marzipanrohmasse für 16 Karotten, 130g Puderzucker, rote, gelbe und grüne Lebensmittelfarbe.

So wird's gemacht
Das Kürbisfleisch zerkleinern, die Karotten schälen und reiben. Zucker, Öl und Eier gut verschlagen. Das Mehl und die anderen Zutaten hinzugeben und gut vermischen. Eine große, runde Backform einfetten und mit Mehl bestäuben. Teig einfüllen, der Teig sollte nicht mehr als zwei Drittel der Form füllen. Bei 160 Grad im vorgeheizten Herd ca. 75 Minuten backen. Garprobe machen!

Marzipankürbisse für 16 Stück Kuchen herstellen
Marzipanrohmasse in kleine Stücke teilen und in eine Schüssel geben. Puderzucker darauf sieben und mit der Rohmasse verkneten. Drei Viertel des Marzipans mit roter und gelber Lebensmittelfarbe orange färben, ein Viertel grün. Aus dem orangefarbenen Marzipan 16 Kugeln formen und mit einem Messerrücken einkerben. Aus dem grünen Marzipan Blätter formen und an die Kürbisse setzen. Kuchen mit Zitronenglasur bestreichen und Marzipankürbisse als Dekoration darauf anbringen.

Bowle mit Geisterhand

Ein Drink für starke Nerven, der für das rechte Gruselgefühl sorgt.

Das braucht man
Orangensaft, Mineralwasser, grüne und blaue Lebensmittelfarbe, Einmalhandschuhe

So wird's gemacht
Einen Tag vor dem Fest Einmalhandschuhe mit Wasser füllen, Öffnung zubinden und Handschuh in das Gefrierfach legen. Mehrere Flaschen Orangensaft nach Belieben mit Mineralwasser mischen, in eine große Glasschüssel geben.
Mit einem Schneebesen grüne und blaue Lebensmittelfarbe mischen, bis ein giftgrünes Gemisch entsteht. Gefüllten Handschuh aus dem Gefrierfach nehmen, aufschneiden und Handschuh entfernen. Eishand in die Geisterbowle stellen.

Trinkschokolade mit schwebenden Geisteraugen

Schaurig schön blicken diese Augen aus einer Tasse Schokolade (oder Halloweenbowle) den Geisterwesen entgegen.

Das braucht man
Trinkschokolade, weiße Marshmallows, rote und braune Zuckerschrift aus der Tube.

So wird's gemacht
Trinkschokolade nach Gebrauchsanweisung zubereiten. (Bei heißer Schokolade würden die Marshmallows schmelzen, also abkühlen lassen oder kalte Schokolade anrühren.) Auf die Marshmallows mit der braunen Tube Pupillen und mit der roten Tube rote Adern aufmalen und in der Schokolade schwimmen lassen.

Eisige Gespensteraugen

Das braucht man
Plastikschalen für runde Eiswürfel oder Eierkartons aus Styropor, klarer Fruchtsaft, Blaubeeren oder Ähnliches.

So wird's gemacht
Saft in die Behälter, Eiswürfelbehälter oder Eierkartons füllen und in die Mitte jeder Rundung eine Beere legen. In den Gefrierschrank stellen. Schwimmen die tiefgefrorenen Augen dann in einer Schale mit Bowle oder in einem Glas Saft, sehen sie echt gruselig aus.

Gespensterhände mit Popcorn

Das wird gebraucht
Einmalhandschuhe aus klarsichtigem Plastik, Popcorn, Schokolinsen, schwarzes oder orangefarbenes Band

So wird's gemacht
Die Kinder stellen das Popcorn selbst her. Während es abkühlt, werden schwarz- oder rotglasierte Schokolinsen als Fingernägel in die Fingerspitzen der Handschuhe gefüllt. Danach den ganzen Handschuh mit Popcorn auffüllen und zubinden. Bevor der leckere Inhalt gegessen wird, liegen oder hängen die Gespensterhände zur Dekoration am Halloweenbüffet.

Popcorn

Für die Kinder ist es ein Erlebnis, wenn sie unter Anleitung selbst Popcorn zubereiten können.

Das braucht man
Popcorn-Mais (erhältlich im Reformhaus), Öl, Puderzucker, oder Salz. Großer Topf mit Deckel, Topfhandschuhe, Schüssel, Tüten zum Abfüllen.

So wird's gemacht
In den Topf so viel Öl gießen, dass der Boden bedeckt ist. Maiskörner bodenbedeckend einstreuen. Deckel auf den Topf geben und Topf erhitzen. Topf auf der Herdplatte hin und her schieben. Nach 5–7 Minuten platzen die Maiskörner auf und springen gegen den Deckel. Der Topf kann nun geöffnet und das Popcorn in eine Schüssel gefüllt werden. Das Popcorn wird mit Puderzucker oder Salz bestreut und in Tüten abgefüllt.
Tipp: Der Gebrauch einer hitzebeständigen Glasschüssel oder einer Pfanne mit Glasdeckel für die Zubereitung von Popcorn ermöglicht den Kindern, den Vorgang zu beobachten.

Maskierte Mohrenköpfe

Das braucht man
Pro Kind ein weißer Mohrenkopf, Zuckerschrift, rote oder orangefarbene Schleife.

So wird's gemacht
Die Kinder malen mit brauner oder schwarzer Zuckerschrift ein Gespenstergesicht auf den Mohrenkopf und binden ihm unten eine Schleife um. Die Gespenster sehen als Dekoration auf dem Halloweenbüffet oder auf den Festtafeln lustig aus und brauchen sicher nicht lange zu warten, bis sie vernascht werden.

Pudding mit Spinnennetz

Zutaten
Sandkuchen (Kastenform), Rosinen, Mandelblätter, eine Dose Obstsalat, eine Packung Schokoladenpudding, 1/2l Milch, 2 Esslöffel Zucker, Schlagsahne, Sahnesteif, eine blaue Traube oder Marzipan, Lakritz.

Geräte
Glasschüssel, spitzes Messer, Esslöffel, Dosenöffner, Küchensieb, elektrisches Handrührgerät, Rührlöffel, Topf, Tasse, Spritztüte, Rührbecher.

So wird's gemacht
Sandkuchen in Scheiben schneiden. Boden und Rand einer Glasschüssel damit auslegen.
»Fliegen« aus Rosinen und Mandelblättchen herstellen. An den Rand zwischen Kuchen und Schüssel schieben.
Saft vom Dosenobst abseihen und auf den Kuchen träufeln.
Pudding nach Rezept herstellen und in die Schüssel gießen.
Schüssel in den Kühlschrank stellen bis der Pudding fest ist.
Sahne schlagen, Sahnesteif beigeben und mit Spritztüte Spinnennetz auf Pudding spritzen.
Spinne aus einer blauen Traube (Körper) und Lakritzen (Füße) herstellen. Der Spinnenkörper kann auch aus gefärbtem Marzipan geformt werden.
Obenauf noch weitere Spinnen in das Spinnennetz legen.

Geisterburg aus Mürbteig

In »Plätzchenform« werden einzelne Teile der Burg aus dem Teig mit einem Messer herausgeschnitten, das Mauerwerk und sonstige Verzierungen mit einem Messer oder Holzstäbchen eingeritzt. Auch kleine Fledermäuse, Gespenster und Ratten aus Teig ausschneiden. Nach dem Backen die Teile zu einer Burganlage auf einen farbigen Fotokarton legen.
Bei der Halloweenparty dekoriert die Burg das Büffet oder die Festtafel und wird sicher viel zu schnell vernascht.

Zutaten für Mürbteig
500g Mehl, 175g Zucker, 1 Prise Salz, 1 Teelöffel Zimt, 2 Eier, 250g Margarine und etwas Mehl zum Ausrollen.

Zutaten für die Verzierung
Zuckerguss: 2 Eiweiß, 400g Puderzucker, Lebensmittelfarbe.

Zubereitung des Teigs
Mehl auf die Arbeitsplatte sieben und in die Mitte eine Vertiefung drücken. Zucker und Salz hineingeben. Ein Ei in einer Tasse verquirlen und in die Mitte geben. Die sehr kalte Margarine mit dem Messer in kleine Stückchen schneiden und auf den Mehlrand geben.
Nun die Zutaten in der Mitte verrühren, dabei schon etwas Mehl untermischen. Dann mit beiden Händen die Zutaten kräftig vermischen und gut durchkneten. Den Teig zu einer Rolle formen und verpackt im Kühlschrank eine Stunde kalt stellen. Backblech einfetten und mehlen oder mit Backtrennpapier belegen. Danach Teig ausrollen, die Bauteile ausschneiden, auf das Backblech legen und 10–15 Minuten bei 200 Grad, Gasherd Stufe 3, backen. Die Bauteile auf Kuchengitter auskühlen lassen. Danach können sie mit Zuckerglasur verziert werden. Die Geisterburg sieht auch »naturbelassen« sehr dekorativ aus und schmeckt auch ohne Glasur sehr fein.
Tipp: Wir stellen den Teig gemeinsam her, lassen ihn ruhen und besprechen inzwischen noch einmal, wie eine Burg aussieht, wer welche Teile der Burg backen will und wie groß sie sein soll.
Türme, Mauern, Tore, Häuser und Brunnen werden genannt.
Figuren wie Gespenster und Fledermäuse werden gewünscht.
Damit die Teile in der Größe harmonieren, gibt man den Kindern als Maßeinheit die Größe ihrer Hand. Zum Beispiel: Die Burgmauer ist eine Kinderhand hoch, der Turm ist zweimal so hoch usw.

Nach dem Backen und Auskühlen werden die Teile zu einer Burganlage gelegt. Die Kinder finden am Legen soviel Spaß, dass sie der Versuchung, die gebackenen Teile gleich zu essen, leicht widerstehen können. Wer mag, kann aus Salzteig eine Geisterburg zum Spielen herstellen. Dann fällt es leichter, die süße Burg zu verzehren.

Kürbisse und Gespenster aus Marzipan

Zutaten
1kg Rohmarzipanmasse, 600g Puderzucker, Lebensmittelfarbe.
Das Rezept reicht für 20–24 Teile, je nach Größe.

Zubereitung

Die Kinder dürfen mit Hilfe der Erzieherin die Zutaten selbst abwiegen und Marzipan-Rohmasse und Puderzucker verkneten. Dabei ist es methodisch sinnvoll, das Rezept auf mehrere kleine Portionen aufzuteilen, damit z.B. fünf Kinder selbstständig arbeiten können. Für ein Kind alleine ist es oft zu schwierig, die Menge des gesamten Rezepts zu verarbeiten.

Die gut durchgeknetete Masse wird in kleine Portionen abgeteilt und verschieden eingefärbt (für Gespenster natur belassen) Die Lebensmittel-Farbe nur gering dosieren, ein Tropfen reicht meist. Die Kinder können nun nach Herzenslust ihre Kürbisse und Gespenster modellieren. Die Gespenster bekommen nach dem Trocknen noch mit Zuckerschrift ein Gesicht aufgemalt. Die Kürbisse können auch noch mit einem grinsenden Halloweengesicht verziert werden. Falls etwas von der Masse übrigbleibt, lässt sich diese durchaus länger aufheben. Am besten geht es, wenn man sie farblich getrennt in Alufolie wickelt.

Geschichten und Gespräche

Gespräch

Bei diesen Gesprächsthemen können die Kinder ihre Wünsche und Sehnsüchte ausdrücken und in ihrer Fantasie ausleben. Im Gespräch lässt sich sicher auch die eine oder andere Unklarheit beseitigen. Der Erwachsene kann das Gespräch auch so lenken, dass eventuell vorhandene Ängste ausgesprochen und bewältigt werden.
»Was weißt du über Gespenster?« – »Was weißt du über Vampire?« – »Was weißt du über Hexen?«
»Was möchtest du gerne sein und warum?«
»Was möchtest du gerne anstellen, welchen Spuk würdest du gerne treiben?«
»Wie möchtest du gerne aussehen?«
»Wovor hast du Angst«?
»Wann hast du Angst«?
»Was kannst du tun, damit du keine Angst mehr hast?« – »Was hat dir geholfen«?
Diese Themen eignen sich auch gut zum Malen oder bildnerischen Gestalten. Außerdem sollten die Kinder auch etwas über das Brauchtum von Halloween in Großbritannien und USA erfahren, die Legende von Jack-o-Lantern kennen lernen (→ S. 9) und Gelegenheit haben, sich selbst (sozial vertretbare) Streiche auszudenken.

Trick-or-treat-Verse

Die Kinder können selbst Verse erfinden oder sie lernen die folgenden Sprüche auswendig, die sie für die Umzüge gebrauchen können.

Wir sind Hexen und Geister
im Faxen machen sind wir Meister.
Habt Ihr keine Süßigkeiten,
werden wir Euch durch die Flure treiben!

Wir sind gefährliche Gespenster,
habt Ihr keine Bonbons,
geistern wir am Fenster!

Krötenei und Schlangenbrut
heute sind wir voller Mut.
Habt Ihr keine Süßigkeiten
werden wir Euch mit dem Besenstiel vertreiben!

Habt Ihr Bonbons, Schoko, Lollis nicht, – dann:
Punkt, Punkt, Komma, Strich,
fertig ist das Halloweengesicht!
(dem Gegenüber ein Halloween-Gesicht malen)

Habt Ihr Bonbons, Schoko nicht,
weht Euch der Geisterwind ins Gesicht!
(Kinder werfen aufgeblasene, aber offene
Luftballons auf die Personen)

Habt Ihr keine Süßigkeiten gemacht –
dann gibt es lauten Krach!
(Kinder lassen Luftballons zerplatzen)

Hui, Hui, Hui,
Krötenfuß und Spinnenbein,
wir sind die Gespensterlein,
wir wollen was zum Naschen,
drum packt's in unsere Taschen!

Trick or treat, smell my feet,
or give me something good to eat!

Wir schlüpfen in Geister-, Vampir- und Hexengewänder und verwandeln uns in die schaurigsten Spukgestalten.

Fantasiereise: Geisterstunde mit Ritter Kunibert von Drachenstein

Es ist schon spät am Abend, ich liege in meinem Bettchen und kuschle mich in die weichen Kissen und Decken. Mit meinem Teddy im Arm fühle ich mich sehr wohl. Ich schließe meine Augen, um mich herum ist es ganz still und ich genieße diese Stille. Ich gähne kräftig und warte auf das Einschlafen und auf einen schönen Traum. Mein Atem wird langsamer und langsamer, meine Arme und Beine werden wohlig warm, mein ganzer Körper liegt bequem und ruhig im Bettchen. Ich werde ruhig und ruhiger. Die Zeit bis 12.00 Uhr Mitternacht vergeht wie im Nu! Von der alten Turmuhr höre ich ganz deutlich 12 Glockenschläge. Hui, die Geisterstunde beginnt! Ich und alle Kinder aus den Nachbarhäusern steigen aufgeregt aus dem Bettchen. Wir schlüpfen in Geister-, Vampir- und Hexengewänder und verwandeln uns in die schaurigsten Spukgestalten. Ausgelassen fliegen wir durch die dunkle Nacht, bis wir uns alle in einem alten Spukschloss, nahe eines Waldes wieder treffen. Dort werden wir bereits von einem uralten Geist, namens Ritter Kunibert von Drachenstein, erwartet. Er war einmal ein Ritter und haust nun seit Hunderten von Jahren als Gespenst in einem alten, tiefen Kellergewölbe der Felsenburg Drachenstein. Ganz einsam und allein, ist er verdammt, dort jede Nacht sein Unwesen als Geist zu treiben. Er freut sich riesig und schaurig über den Besuch der vielen jungen Gespenster und rasselt ganz glücklich mit seinen Ketten. Er lacht so laut, dass die Wände wackeln und lädt uns ein, mit ihm durch das verlassene Gemäuer der Burg Drachenstein zu geistern. Wir spuken im tiefen Keller und spuken im Speicher des Burgturmes bei den Fledermäusen. In allen Räumen treiben wir lustige und schaurige Streiche. Richtig gruselig und wild tanzen wir durch die langen Flure und heulen furchterregend, wie das alte Burggespenst. In diesem Spukschloss ist alles erlaubt, es gibt keine Verbote! Wir essen mit den Fingern, spielen mit den Fledermäusen und Skeletten – und wir machen so richtig Krach! Je wilder und lauter wir werden, um so glücklicher lacht der alte Ritter Kunibert von Drachenstein. Ein kleines Gespenst unter uns fühlt sich plötzlich gar nicht mehr so wohl. Es ruft: »Ich will kein Gespenst mehr sein! Mir ist es zu laut, zu dunkel, und mir ist es viel zu wild!«

Einige kleine Gespenster schließen sich dieser Meinung an. Sie wollen keine Gespenster mehr sein, sondern wieder ganz normale Kinder – und sie wollen wieder nach Hause. Ritter Kunibert von Drachenstein klappert ganz aufgeregt und zornig mit seinem Gebiss, er rasselt mit seinen Ketten und ruft: »Ihr bleibt hier, für immer! Ihr seid so schön gruselig und wild! Mit Euch kommt Leben in mein Spukschloss, ohne Euch bin ich so einsam!«
Wir Kinder erklären ihm, dass wir zu Hause Eltern haben, die uns sehr vermissen würden und wir doch nur zum Spaß Geister sind! Wenn wir bleiben müssten, wäre das doch kein Spaß mehr!
Ritter Kunibert von Drachenstein bettelt und bettelt. Aber nichts hilft. Wir haben nun alle einen Entschluss gefasst und teilen diesen dem Ritter mit felsenfester Überzeugung mit. Im Chor rufen wir: »Wir wollen wieder Kinder sein, wir wollen wieder nach Hause!«
Wieder rasselt Ritter Kunibert von Drachenstein mit seinen Ketten, diesmal jedoch nicht mehr so laut und sagt: »Hexenfuß und Krötenschleim, ihr braucht keine Gespenster mehr sein. Spinnenkeks und Vampirbrause, ihr sollt wieder nach Hause! Aber unter einer Bedingung: Ihr kommt nächstes Jahr, Schlag Mitternacht, wieder zu Besuch, damit wir wieder eine Geisterparty feiern können.«
Wir willigen ein und noch bevor die Turmuhr ein Uhr schlägt, liegen wir wieder in unseren Betten und schlafen.
Am Morgen reibe ich mir den Schlaf aus den Augen und überlege, ob ich das alles nur geträumt habe. Ich schaue mich in meinem Zimmer um und entdecke auf dem ganzen Boden verstreut Gespensterklamotten. Plötzlich geht die Türe auf, Mama kommt herein und bevor sie »Guten Morgen, Liebling!« rufen kann, stolpert sie über die Verkleidungsstücke. Etwas genervt meint sie, dass diese endlich aufgeräumt werden müssen. »Klar!«, sage ich ganz selbstverständlich, »bis zum nächsten Jahr, da wartet Ritter Kunibert von Drachenstein auf mich!« Mama lächelt als ob sie Bescheid wüsste … (Kleine Textpause einlegen …)

Rückführung: Lockert nun die Arme und die Beine, reckt und streckt euch, macht die Augen wieder auf und reibt euch die Augen. Ihr dürft nun ganz laut gähnen und euch langsam wieder aufsetzen.

Ich schaue mich in meinem Zimmer um und entdecke auf dem ganzen Boden verstreut Gespensterklamotten.

Falls die Kinder das Bedürfnis haben sich mitzuteilen, erzählen, sie, was ihnen am besten gefallen hat oder was sie am aufregendsten fanden. Die Geschichte sollte nicht nacherzählt werden. Das würde zum einen die Kinder überfordern und zum anderen die entspannte Stimmung zerstören.
Die Kinder können ihre Erlebnisse im Anschluss am besten durch das Malen eines Bildes ausdrücken.
Ein symbolischer Abschluss: Die Kinder packen zur Aufbewahrung für das nächste Jahr Utensilien, Verkleidungsstücke aus der Geisterwelt in einen Karton und beschriften diesen mit: »FÜR DIE GEISTERPARTY MIT RITTER KUNIBERT VON DRACHENSTEIN!«

Quellenverzeichnis

S. 55f., Gespensterspuk um Mitternacht, entnommen aus: Reuys, Eva/Viehoff, Hanne: Freizeit mit Kindern gestalten, München 1995.
S. 59, 102 Gespensterchen, entnommen aus: LUDI MUSICI Band 1 – Spiellieder, Fidula-Verlag, Boppard/Rhein und Salzburg.
S. 61f., Angst zu haben ist nicht schwer, entnommen aus: Rensmann, Swana: Krachomat und Leisophon, München 1999.
S. 60f., Dracula-Rock, entnommen aus: Fredrik Vahle © Aktive Musik Verlag-GmbH, Edition V „pläne“, Dortmund.
S. 58f., Ich bin das kleine Wackelmonster, entnommen aus: Reuys/Eva/Viehoff, Hanne: Kleine Kinder kreativ, München 1997.